딱 3시간 만에

손에 잡히는 회계

서   문

도대체 회계란 무엇일까요? 숫자를 다루므로 막연히 어려울 것이라는 생각이 앞서는 분들이 많습니다. 그래서 회계학은 수학 실력이 어느 정도 있는 사람들이나 공부하는 학문 정도로 치부하고 아예 거들떠보지도 않으려는 사람들이 꽤나 많습니다.

하지만 실상 회계는 그런 학문이 아닙니다. 수학처럼 복잡한 계산과정이 수반되지도 않고, 외워야 하는 어려운 공식도 거의 없습니다. 그런 것들은 회계를 잘 모르는 사람들의 선입견일 뿐입니다.

사실 회계는 <거래의 기록>일 뿐입니다. 물론, 단순한 메모 수준은 아니고, 조금 체계적으로 규칙에 따라 기록하고 측정하고 집계하고 수정하고 다시 기록하는 과정이라고 볼 수 있습니다. 다만, 어렵게 느껴지는 것은 거래의 형태가 과거보다 더 복잡해졌고 또 많아졌으며, 기록하는 규칙도 일상생활에서는 거의 볼 수 없어 생소하고 오직 회계에만 적용되는 방식이기 때문입니다.

그렇지만 그런 규칙조차도 어느 날 갑자기 하늘에서 뚝 떨어진 것이 아니라, 역사발전 과정에서 하나씩 하나씩 다듬어진 것이므로, 거래기록의 발전 과정을 되돌아보면서 그런 것들을 하나씩 공부한다면 어렵지 않게 이해할 수 있는 수준인데, 사람들은 미리 겁먹고 회계를 멀리하려는 경향이 있는 것 같습니다.

그래서 본서에서는 회계의 기본원리를 이해하기 쉽도록 <문답식>으로 아주 명료하게 설명할 것입니다. 그 결과 독자 여러분들이 굳게 마음 다잡고 3시간 정도만 집중한다면 회계가 무엇인지 충분히 감을 잡을 수 있도록 도움을 드릴 것입니다. 25개의 질문은 필자가 대학에서 강의할 때 메모해 둔 학생들의 질문 목록 중 일부입니다.

아무쪼록 이 책을 통하여 회계가 어렵다는 막연한 인식을 떨쳐버리고 현대인의 경제생활에서 필수적인 지식으로 요구되고 있는 회계의 기본원리를 습득하신 후, 자신감을 가지고 다음 단계의 회계 학습에도 과감히 도전하시길 기원드립니다.

저 자

< 목   차 >

제 1 장

회계란 무엇인가?

질문 1 : 도대체 회계가 무엇이길래 사람들이 그렇게 어려워하는가요?

이 질문은 너무나 보편적이고 일반적인 질문이어서 회계와 무관한 사람들로부터도 흔히 듣습니다. 물론, 드물지만 학생들 중에서도 이런 질문을 하는 경우도 있습니다.

회계원리 교재를 펼치면 예외 없이 첫 장은 '회계의 정의', '회계의 기초개념', '회계란 무엇인가?' 등의 소제목으로 시작하며, 회계가 무엇인지를 어려운 용어가 담긴 문장으로 거창하게 기술하고 있습니다. 그렇지만 이해관계자(利害關係者), 경제적 의사결정, 유용한 회계정보 등의 표현이 회계를 처음 접하는 사람들에게 쉬울 리는 없을 것입니다.

간단히 회계를 【거래의 기록을 집계하여 일정한 형식으로 작성하고, 그 것을 필요로 하는 사람들이 볼 수 있도록 공개하는 것】이라고 정의하면 어떨까요? 그렇게 어렵다고 느껴지지는 않을 것입니다.

조금 더 설명을 덧붙여 달리 표현하자면, 어떤 기업이나 단체의 거래를 숫자, 즉 화폐단위로 측정하고 기록한 후 일정한 형식에 따라 집계하고 수정하고 정리하여 관심을 가지는 사람들에게 주기적으로 제공하는 기업정보가 회계라고 할 수 있습니다.

결국, 회계란 개인에게 일기가 있듯이 계속 존속하는 기업도 하루하루 이야기가 쌓일 수 있는데, 그것을 【숫자】라는 언어로 일목요연하게 정리하고 <회계기준>에서 정한 형식에 맞게 작성하여 필요로 하는 사람들이라면 누구나 열람할 수 있게 공개하는 것이라고 정의할 수 있습니다.

그리고 회계원리 교재 첫 장에서 꼭 다루어지는 것이 회계학의 체계인데, 보통 재무회계, 관리회계, 세무회계로 구분하여 설명하곤 합니다. 그렇지만 일반적으로 회계라고 하면 재무회계를 의미하고 위에서 언급한 정의도 재무회계에 해당하는 것입니다.

관리회계는 기업의 경영자가 사업상의 의사결정을 내리는데 필요한 회계정보를 산출하여 보고하는 것이고, 세무회계는 <회계기준>에 따라 측정된 기업의 이익에 세법의 규정을 적용하여 과세소득을 측정하고 계산하는 회계실무로서, 둘 다 재무회계와는 존재 목적이 다르며, 이미 산출된 재무회계 정보를 근거로 다시 용도에 맞게 조정·추가·보완하여 요구되는 정보를 각각 산출하는 분야들입니다.

흔히들 정보를 제공받는 사람들 또는 정보를 필요로 하는 사람들, 즉 정보의 공유 대상으로 회계 종류를 구분하기도 하는데, 정리해 보면 다음과 같습니다.

    ㅇ 재무회계 : 외부이해관계자 (주주, 채권자, 고객 등)
    ㅇ 관리회계 : 내부이해관계자 (경영자 또는 경영자단체)
      * 원가회계(原價會計, cost accounting) : 제품의 정확한 원가정보를 생성하는
          과정. 원가정보는 재무회계와 관리회계에서 제품원가정보로 사용됨.
    ㅇ 세무회계 : 세무당국

물론, 재무제표에 대한 설명도 각 교재에서 중요하게 다루어지는데, 이 또한 회계원리를 공부하다 보면 자연스럽게 습득하게 되는 내용이므로 굳이 본 장에서 장황하게 설명하지 않아도 된다는 것이 본 저자의 생각입니다.

오히려 학생들이 의문을 표시하거나 질문하기도 하는 내용을 하나씩 다루어 나가는 것이 회계의 기본구조를 이해하는데 더욱 도움이 되리라 판단됩니다. 따라서 이하에서는 그런 내용을 하나씩 차례대로 다룰 것입니다.

제 2 장

경제적 사건 = 거래?
경제적 사건 ≠ 거래?

질문 2 : 회계의 대상을 <경제적 사건>으로 표시한 교재도 있고, <거래>라고 표시한 교재도 있으며, 아예 <경제적 사건과 거래>로 둘을 묶어서 한꺼번에 표시한 교재도 있습니다. <경제적 사건>과 <거래>는 같은 것인가요? 다르면 어떻게 다른 것인가요?

모두 같은 표현입니다. 하지만 회계에서 말하는 <거래>는 일상생활 속에서 보편적으로 사용되는 거래와는 그 의미가 약간 다릅니다. 회계에서 말하는 거래(transactions)는 재산의 증감 또는 변화를 유발하는 사건, 즉, 재무제표 구성요소에 변화를 가져오는 경제적 사건(economic events)을 의미합니다.

따라서, 거래는【회계상의 거래】와【회계상의 거래가 아닌 거래】로 나눌 수 있으며, 이를 표로 나타내보면 이해하기 쉽습니다.

회계상의 거래가 아닌 거래	건물 임대차 계약, 고용계약, 상품 주문, 회사 창고의 단순 보관 등
회계상의 거래	상품의 매입과 매출, 채권·채무의 발생 및 소멸, 유형자산의 매매, 현금의 수입과 지출, 화재손실, 도난, 분실, 감가상각 등

결국, <회계상의 거래>만 회계의 대상으로서 인식되고 측정되고 분개[1]되어 분개장에 기록되는 것인데, 다음과 같이 8가지 유형으로 기록됩니다.

① 자산의 증가 ② 자산의 감소 ③ 부채의 증가 ④ 부채의 감소
⑤ 자본의 증가 ⑥ 자본의 감소 ⑦ 수익의 발생 ⑧ 비용의 발생

[1]. 분개(分介) : 회계상의 거래에 대해 차변(왼쪽)과 대변(오른쪽)에 기입할 적정한 계정과목과 금액을 정하고 기록하는 절차.

복식부기 원리에 따라 대변과 차변으로 기록되며, 위 8가지 요소(거래의 8요소) 중 하나 또는 여러 개의 거래 요소가 대변(오른쪽)과 차변(왼쪽)에 나뉘어 기록됩니다. 이때 대변과 차변의 금액은 항상 같게 되는데, 이를

<대차평형의 원리>라고 부릅니다.

대변과 차변은 <원인과 결과> 또는 <결과와 원인>의 관계를 나타내며, <대차평형의 원리>를 통해 금액 오류에 대한 자기검증이 가능하므로 복식부기를 완전부기라고도 부릅니다.

<회계상 거래>는 거래의 8요소가 대변과 차변으로 결합하여 일어나는데, 그 유형을 그림으로 나타내보면 다음과 같습니다.

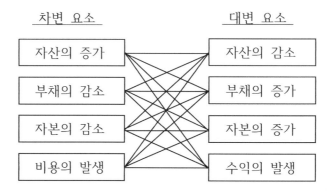

위 그림을 통해 다양한 유형의 거래가 일어날 수 있음을 알 수 있습니다. 하지만 3가지 유형으로 단순화시킬 수 있는데, 수익·비용의 발생 없이 재무상태표 계정인 자산, 부채, 자본의 증·감만 일어나는 <교환거래>, 거래 금액 전체가 수익 또는 비용을 발생시키는 <손익거래>, 그리고 두 거래가 결합된 <혼합거래>로 구분할 수 있습니다.

예를 들어, 거래처의 외상매출금을 현금으로 회수한 경우라면, 다음과 같이 자산의 증가와 감소만으로 이루어진 거래이므로 <교환거래>에 해당합니다.

(차변) 현금<자산 증가> 50,000   (대변) 외상매출금<자산 감소> 50,000

임차료 10만원을 모두 현금으로 지급하였다면, 다음과 같이 거래 금액

전체가 비용을 발생시키므로 <손익거래>가 됩니다.

(차변) 임차료<비용 발생> 100,000   (대변) 현금<자산 감소> 100,000

하지만, 차입금 10만원에 이자 3천원을 합쳐 원리금을 현금으로 상환하였다면, 다음과 같이 두 거래유형이 합쳐진 <혼합거래>가 됩니다. 왜냐하면, 거래 금액 103,000원 중 일부인 3,000원만 비용에 해당하기 때문입니다.

(차변) 차입금<부채 감소> 100,000   (대변) 현금<자산 감소> 103,000
       이자비용<비용 발생> 3,000

<혼합거래>인지 <손익거래>인지 쉽게 구분하는 방법은 다음과 같이 위 분개에서 <손익거래>만 분리시키고, 남는 거래가 <교환거래>인지 확인해 보면 됩니다.

(차변) 차입금<부채 감소> 100,000   (대변) 현금<자산 감소> 100,000
(차변) 이자비용<비용 발생> 3,000   (대변) 현금<자산 감소>   3,000

제 3 장

왜 차변은 왼쪽,
대변은 오른쪽인가요?

질문 3 : 복식부기에서 왜 자산은 차변(왼쪽)에 부채와 자본은 대변(오른쪽)에 기록하나요?

어찌 보면 아주 순진한 질문 같은데, 의외로 많은 학생들이 의문을 표시하는 내용입니다. 부채와 자본을 차변에 자산을 대변에 기록해도 될 것 같은데, 무슨 이유로 차변(왼쪽)에 자산을, 대변(오른쪽)에 부채와 자본을 기록하게 되었는지 충분히 궁금할 수 있는 내용인데, 지금까지 속 시원하게 말해주는 학자도 없었고, 교재도 없었습니다.

억지로 설명하는 분들도 '그렇게 하기로 약속이 된 것이기 때문에 그렇게 한다'는 정도의 대답에 그치고 맙니다. 물론 틀린 답변은 아닙니다. 하지만 그렇게 약속(관습)으로 굳어지게 된 경우에는 그럴만한 과정이 이미 그 이전부터 있었을 것으로 추론할 수 있습니다.

우선, 자산과 부채와 자본 계정으로 작성되는 재무상태표에 대해 간략히 살펴볼 필요가 있습니다. 회계정보를 필요로 하는 사람들에게 공개하는 재무제표는 재무상태표, 손익계산서, 자본변동표, 현금흐름표, 주석으로 구성되어 있습니다. 이 중 가장 중요한 것이 재무상태표인데, 보통 다음과 같은 형식(계정식)으로 작성합니다. (위에서부터 자산, 부채, 자본 순으로 한 줄로 작성하는 보고식 재무상태표도 있음)

재무상태표

자 산	부 채 자 본
자산총계	부채와 자본 총계

재무상태표는 2020년 12월 31일 현재와 같은 특정 시점의 재무상태를 나타내는 표인데, 자산의 증가가 차변(왼쪽)에 표시되고, 부채나 자본의 증가는 대변(오른쪽)에 표시됩니다. 이는 거래의 결과를 분개하고 그것을 장부에 기록할 때 복식부기 방식으로 처리하고, 그것을 집계한 후 최종 잔액

을 재무상태표에 옮기기 때문입니다.

우선, 자산, 부채, 자본의 의미를 간략히 알아보면, <자산>은 누군가(개인 또는 법인)가 현재 소유하고 있는 유형 또는 무형의 총재산이고, <부채>는 자산 중 언젠가는 누군가에게 돌려줘야 할 빚, 즉 누군가로부터 빌려와서 현재 자산의 일부로 소유하고 있는 것이며, <자본>은 자산 중 순수하게 그 소유자(개인 또는 법인)에게 속한 재산이라고 할 수 있습니다.

부채는 외부로부터 들여온 자산이므로 <타인자본>이라 하고, 자본은 본래부터 자기 재산이었으므로 <자기자본>이라 합니다. 결국, 자산은 부채와 자본을 합한 금액이 되는데, 이를 산식으로 표시한 것을 <회계등식>이라고 합니다.

ㅇ 회계등식 : 자산 = 부채 + 자본　※ 재무상태표등식이라 부르기도 함

예를 들어, 액면가 5,000원인 주식 2만주를 발행하여 현금 1억원을 조달하였다면, 아래와 같이 분개되어 분개장에 기록됩니다.

(차변) 현금 100,000,000　　(대변) 자본금 100,000,000

문제는 왜 자산(현금) 1억원은 차변(왼쪽)에 기록되고, 자본금 1억원은 대변(오른쪽)에 기록되느냐 하는 것입니다. 그 반대로 하면 안 되느냐 하는 의문입니다. 이는 오랜 기록 관습이 사회적 약속으로 자연스럽게 굳어진 경우라고 할 수 있을텐데, 그래도 왜 자산은 차변(왼쪽)이고, 부채와 자본은 대변(오른쪽)에 기록해야 하느냐 하는 의문은 남습니다.

하지만, 필자는 복식부기 이전의 단식부기에서 기록방법이 점차 정교해지다가 결국 복식부기까지 발전해 온 과정을 유추해 보았습니다. 어차피 최초에는 단식부기로 간략하게 기록하였을 것이고, 그런 과정에서 자연스럽게 복식부기가 탄생하였으리라 추정할 수 있기 때문입니다.

참, 단식부기나 복식부기가 무엇이냐고요? 복식부기를 한자어로 표현하

면 '複式簿記'인데, '두 가지 방식으로 장부에 기록한다'는 의미입니다. 여기서 말하는 두 가지 방식은 '차변'과 '대변'을 의미합니다. 이에 반해 단식부기(單式簿記)는 차변이나 대변의 구분 없이 하나의 항목으로 거래를 장부에 기록한다는 의미로서 일반적인 가계부가 가장 좋은 예입니다.

이제, 이해를 돕기 위해 자기자본 1억원과 은행 차입금 1억원으로 개업을 준비 중인 A라는 조그만 식료품가게가 단식부기로 회계장부를 작성한다고 가정하고 예를 들어 보겠습니다.

> 4/1 **현금** 200,000,000 [자기자본 1억, 은행 차입금 1억]
> 4/2 **임차보증금** 현금 지급 (100,000,000)
> 4/3 **여비교통비** 현금 지급 (90,000)

위 단식부기를 인과관계에 따라 더 상세하게 기술해 나가다 보면, 결국 복식부기 형식으로 발전하게 될 것인데, 기존의 단식부기(위 진한 이탤릭체 : 현금, 임차보증금, 여비교통비)를 그대로 두고, 그 '원인이나 결과'(위 밑줄친 부분 : 자기자본, 차입금, 현금)를 오른쪽에 추가하면 자연스럽게 복식부기 형식이 됨을 알 수 있습니다.

```
4/1 (차변) 현    금 200,000,000    (대변) 자본금 100,000,000
                                         차입금 100,000,000
4/2 (차변) 임차보증금 100,000,000    (대변) 현  금 100,000,000
4/3 (차변) 여비교통비     90,000    (대변) 현  금     90,000
```

아마도 먼 옛날에는 거래의 단위나 규모가 아주 작았을 것입니다. 그래서 오늘날의 가계부처럼 간단하게 현금의 수입과 지출 내역을 쭉 기록했을 것인데, 그런 형식은 다음과 같이 단식부기입니다.

```
4/1  월초 통장잔고 3,060,000 (전월이월)
4/3  이마트        (268,000)
```

4/10	아파트관리비	(180,000)	
4/11	보험료	(150,000)	
4/17	이마트	(252,000)	
4/25	통장입금	2,600,000	(남편월급)
4/26	정기적금	(500,000)	
4/30	남편용돈	(500,000)	
4/30	내 용돈	(300,000)	
4/30	아들용돈	(300,000)	
	월말 통장잔고	3,210,000	

위 현금의 수입과 지출을 계정과목으로 표시하면, 수입은 자산, 지출은 대부분 비용이고 정기적금만 투자자산임을 알 수 있습니다. 모두 복식부기의 차변(왼쪽)에 기록되는 계정과목들입니다. 결국, 단식부기의 습관이 장기간 지속되던 중 어느 순간부터 각 계정의 인과관계를 오른편에 추가하는 방식으로 기록이 발전하고, 그러다가 대변의 계정과목으로 발전하여 다음과 같은 복식부기가 되었다고 충분히 유추할 수 있습니다.

4/1	(차변) 현 금[1]	3,060,000	(대변) 전월이월	3,060,000
4/3	(차변) 이 마 트	268,000	(대변) 현 금	268,000
4/10	(차변) 아파트관리비	180,000	(대변) 현 금	180,000
4/11	(차변) 보 험 료	150,000	(대변) 현 금	150,000
4/17	(차변) 이 마 트	252,000	(대변) 현 금	252,000
4/25	(차변) 현 금[1]	2,600,000	(대변) 자본(남편월급)	2,600,000
4/26	(차변) 정기적금	500,000	(대변) 현 금	500,000
4/30	(차변) 남편용돈	500,000	(대변) 현 금	500,000
4/30	(차변) 내 용돈	300,000	(대변) 현 금	300,000
4/30	(차변) 아들용돈	300,000	(대변) 현 금	300,000
4/30	(차변) 차월이월	3,210,000	(대변) 현 금	3,210,000

[1]. 통장잔고이므로 정확하게는 <보통예금> 계정이 맞으나, 현금처럼
   사용하는 것이므로 편의상 <현금> 계정을 사용하였음.

제 4 장

자산 = 재산? 자산 ≠ 재산?

**질문 4 : 교재에 자산과 재산이라는 표현이 나오는데 좀 헷갈립니다.
둘은 같은 말인가요? 다르면 어떻게 다른가요?**

사실, 사전적 의미로만 본다면 유사합니다. 다음(daum) 국어사전에는
'개인이나 기업이 소유하고 있는 경제적 가치가 있는 유형, 무형의 재산'을
자산의 의미로, '교환 가치를 지니는, 자기 소유의 모든 돈과 사물'을 재산
의 의미로 기술하고 있습니다. 한 가지 차이가 있다면 자산에는 무형의 자
산도 포함되는데, 재산에는 유형의 사물과 돈만 표현되는 것처럼 정의되어
있다는 것입니다.

그렇지만 실상 둘의 차이는 없다고 보면 됩니다. 경제학에서는 재산의
의미를 '금전적 가치가 있는 모든 것과 법률적으로는 권리와 의무까지 포
함한다.'라고 정의하고 있기 때문입니다.

그렇다면 둘의 차이는 없는 것일까요? 아닙니다. 있습니다. '자산'이라는
표현은 주로 회계학이나 경영학에서 사용하고, '재산'이라는 표현은 생활
속에서 보편적으로 사용되지만, 학문적으로는 법학이나 경제학에서 주로
사용됩니다. 간혹 회계학 교재에서 '자본'을 '순재산' 또는 '순자산'으로 표
현하기도 하는데, '순자산'이라는 표현이 더 적합하고, '순재산'이라는 표현
은 보편적 표현이므로 회계학에서는 가급적 사용하지 않는 것이 바람직합
니다.

아무튼 '자산'이라는 표현이 나왔으니, '(총)자산'과 '순자산'의 차이를 회
계학적 관점에서 더 설명해 보도록 하겠습니다.

앞 장에서 A 식료품가게가 2020년 4월 1일 자본금 100,000,000원과 차
입금 100,000,000원, 총 200,000,000원의 현금으로 사업을 시작한 경우를
보았습니다. 분개장에 기록되는 4월 1일의 분개는 다음과 같았습니다.

4/1 (차변) 현   금 200,000,000   (대변) 자본금 100,000,000
차입금 100,000,000

위 분개장의 기록은 (총계정)원장에 옮겨지고, 다시 (잔액)시산표에 집계되고, 회계연도 말에 결산정리분개라는 수정작업을 거쳐 장부를 마감하면서 결국 재무상태표에 반영되게 되는데, 4월 1일의 재무상태표를 작성해 보면 다음과 같게 됩니다.

재무상태표

A식료품가게   (2020. 4. 1)   (단위: 원)

자 산	부 채
현　　금 200,000,000	차 입 금　100,000,000
	자 본
	자 본 금　100,000,000
자산 총계　200,000,000	부채와 자본 총계 200,000,000

자산 총계는 부채와 자본 총계와 같고, 자본은 자산 총계에서 부채를 차감한 금액임을 알 수 있습니다. 그래서 자산 총계를 총자산, 자본을 순자산이라고도 합니다.

       ㅇ 총자산(자산 총계) = 부채 + 자본
       ㅇ 순자산(자본) = 총자산 - 부채

한편, 위와 같이 차변(왼쪽)과 대변(오른쪽)으로 구분하여 재무상태표를 작성하는 방식을 【계정식】이라고 하고, 기업의 사업보고서에 포함되는 재무상태표나 손익계산서처럼 한 줄로 쭉 써 내려가는 방식을 【보고식】이라고 합니다.

일반적으로 <재무상태표>는 【계정식】과 【보고식】 둘 중 하나의 형식으로 작성하지만 <손익계산서>, <자본변동표>, <현금흐름표>는 주로 【보고식】으로 작성합니다.

재무상태표를 【보고식】으로 작성할 때는 위에서부터 자산, 부채, 자본

항목의 순으로 써 내려가면 되고, 【계정식】으로 작성할 때는 아래와 같이 차변(왼쪽)에 자산(자원구조) 내역을, 대변(오른쪽)에 부채와 자본, 즉 자원의 조달원천(재무구조)을 나타내주면 됩니다.

재 무 상 태 표

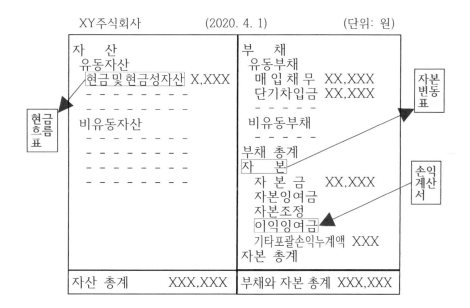

위 계정과목 중 현금 및 현금성자산은 '현금흐름표'의 결과와 같고, 자본은 '자본변동표'로 좀 더 상세하게 변동내역을 확인할 수 있으며, '손익계산서'의 결과인 '당기순손익'은 결국 최종단계에 가면 자본의 한 항목인 이익잉여금으로 대체됩니다. 따라서 재무제표 중에서도 재무상태표가 가장 총괄적인 표임을 알 수 있습니다.

특별히, <수익>과 <비용> 계정으로만 구성되는 손익계산서에서 <수익>은 자본의 증가를 가져오고, <비용>은 자본의 감소를 가져오므로 결국 수익과 비용의 차이인 손익은 재무상태표 계정인 자본(이익잉여금)의 변동을 초래하게 되는 것입니다.

그렇지만 올해 이익이 얼마 났는지 정도 파악하는 데는 굳이 손익계산서까지 볼 필요는 없습니다. 당기의 이익잉여금을 전기의 이익잉여금과 비교해 보면 금방 알 수 있기 때문입니다. 따라서 손익계산서는 어떤 항목에서 이익이 나고 어떤 항목에서 손실이 났는지 영업이익은 적정한지 등 손익의 내용을 좀 더 구체적으로 파악하려고 할 때 유용합니다.

(기능별) 포괄손익계산서

XK주식회사　　　　(2020.1.1 ~ 12.31)	(단위: 만원)
1. 영업수익	XX,XXX
2. 매출원가	XXX
3. 매출총손익(1-2)	XX,XXX
4. 판매비와관리비	XXX
5. 영업손익(3-4)	X,XXX
6. 금융수익	XXX
7. 금융비용	XXX
8. 기타수익	XX
9. 기타비용	XX
10. 법인세비용차감전손익(5+6-7+8-9)	X,XXX
11. 법인세비용	XXX
12. 당기순손익(10-11)	XXX
13. 세후기타포괄손익	XX
14. 총포괄손익(12±13)	XXX

흔히들 부채는 자산이 아닌 것으로 생각하는 경우가 많고, 부채가 어째서 자산이냐고 따지기도 합니다. 부채가 자산이 아니라고 할 때의 자산은 순자산을 의미하는데, 사람들은 순자산과 총자산을 잘 혼동하는 것 같습니다.

자산은 내가 현재 소유하고 있는 가치 있는 모든 것을 의미하므로, 빌려와서 내 소유가 되었든 원래부터 내 소유였던 돈이든 모두 나의 자산인 것입니다. 따라서 그냥 '*자산*'이라고 하면 '부채+자본'으로 구성된 '*총자산*'을 의미하고, '*자본*'이라고 하면 【자산-부채】로서 '*순자산*'을 의미하게 됩니다. 결국, 총자산보다는 순자산이 얼마인가에 따라 내가 진짜 부자인가 아닌가가 결정된다는 것입니다.

경매로 돈을 많이 벌었다고 떠들면서 유튜브에서 강의까지 하는 어떤 사람이 자신의 자산이 수십억원이라고 자랑하는 것을 보았는데, 강의를 자세히 들어보니 순자산은 몇 억에 불과함을 알 수 있었습니다. 경매물을 낙찰받을 때마다 낙찰가의 80% 이상을 경락잔금대출을 이용해 정산하였기 때문에 총자산의 80% 이상이 부채였던 것입니다. (총)자산과 순자산의 의미를 구분할 줄 모르는 사람들은 마치 순자산이 수십억원인 줄 알고 마냥 부러워만 하는데 실상을 알면 얼마나 실망스러울까요?

제 5 장

계정과목?

질문 5 : 계정과목은 정해져 있으며, 반드시 정해져 있는 계정과목만
사용해야 하는 것인가요?

각종 회계기준에 명시적으로 언급된 주요 계정과목은 제2장에서 거래의 8요소를 공부할 때 등장한 5가지, 즉 재무상태표 계정인 자산, 부채, 자본과 손익계산서 계정인 수익과 비용이라고 말할 수 있습니다. 그 외의 각종 계정과목은 모두 위 5가지 계정의 하위 계정이라고 할 수 있습니다.

특별히, 유동자산, 비유동자산, 유동부채, 비유동부채도 재무상태표에 등장하지만, 이들은 실제로 사용되는 계정과목이 아니고, 세부 자산 계정들이 1년 이내에 현금화될 수 있는지의 유·무에 따라 유동자산과 비유동자산으로, 세부 부채 계정들이 1년 이내에 상환해야 하는지의 유·무에 따라 유동부채과 비유동부채로 구분하는 용도로 사용되는 계정일 뿐입니다.

현금 및 현금성자산, 단기투자자산, 매출채권, 미수금, 미수수익, 선급금, 선급비용, 재고자산(상품, 제품, 반제품, 원재료, 재공품, 소모품) 등이 유동자산에 속하고, 투자자산, 유형자산(건물, 토지, 기계장치, 차량운반구, 비품 등), 무형자산(특허권, 디자인권, 상표권, 영업권, 개발비 등), 임차보증금, 전세권, 장기매출채권 등이 비유동자산에 속합니다.

매입채무, 단기차입금, 미지급금, 선수금, 예수금, 미지급비용, 유동성장기부채, 충당부채 등이 유동부채에 속하고, 사채, 장기차입금, 장기미지급금, 장기충당부채, 임대보증금 등이 비유동부채에 속합니다.

자본 계정에는 자본금, 주식발행초과금, 감자차익, 자기주식처분이익, 주식할인발행차금, 감자차손, 자기주식, 이익준비금, 사업확장적립금, 감채적립금, 배당평균적립금, 결손보전적립금, 미처분이익잉여금 등의 세부 계정이 있습니다.

수익의 세부 계정으로는 매출, 이자수익, 배당금수익, 외환차익, 임대료 등이 있고, 비용의 세부 계정으로는 매출원가, 급여, 퇴직급여, 복리후생비, 여비교통비, 접대비, 통신비, 수도광열비, 세금과공과금, 감가상각비, 임차료, 수선비, 보험료, 차량유지비, 도서인쇄비, 소모품비, 광고선전비, 이자비용, 기부금, 외화환산손실, 잡손실 등이 있습니다.

이상에서 언급된 계정과목들은 일반적으로 많이 사용하는 계정이므로 가급적 위와 같은 명칭으로 사용하는 것이 바람직하다고 판단됩니다. 물론, 반드시 정확하게 동일한 명칭을 사용해야 한다는 규정은 없습니다.

수도광열비를 수도비와 광열비로 나누어 따로 기록할 수도 있고, 퇴직급여를 퇴직금이라고 해도 무방합니다. 하지만 다른 이해관계자들도 잘 알아들을 수 있는 용어를 사용하는 것이 회계정보 공유에 더 유익할 것은 분명합니다.

물론, 계정과목을 아주 구체적으로 표시하는 것도 가능합니다. 예를 들어, 학습자료구입비라는 계정과목에 여러 가지를 묶어도 되지만, 도서구입비, 잡지구입비, 신문구독비, 학용품비 등으로 세분화할 수도 있고, 큼직하게 <교육비>라는 상위 계정 하나만 사용하는 방법도 있습니다. 모든 학습자료구입비, 등록금, 과외비 등을 <교육비>라는 하나의 계정으로 표시하여도 회계정보로서의 가치가 유지된다면 그렇게 해도 됩니다.

결론적으로, 【대계정】이라고 할 수 있는 5가지 주요 계정과목, 【중계정】이라고 볼 수 있는 유동·비유동의 분류를 위한 계정과목, 【소계정】으로 분류 가능한 매출채권, 재고자산, 유형자산, 무형자산, 충당부채, 자본잉여금, 자본조정, 이익잉여금 등과 같은 계정과목, 그리고 정해진 특정 시점에 대금이 수수되지 않거나 미리 수수될 때 사용하는 미지급금, 미수금, 선수금, 선급금 등과 결산정리분개 때 주로 사용되는 미지급비용, 선급비용, 선수수익, 미수수익 등과 같은 계정과목 외에는 의무적으로 사용이 강제되는 계정과목은 없으며, 회계정보 생산자가 의사소통에 유용한 계정과목을 임의로 만들어 사용하는 것도 가능합니다.

다만, 아주 엉뚱하게 계정과목을 분류하면 【계정과목 오류】가 됩니다. 예를 들어, 위와 같은 교육비 관련 지출을 <접대비>나 <회의비>로 처리했다면, 누가 봐도 명백한 오류가 되겠지요.

위에서 언급된 대계정, 중계정, 소계정은 분류의 편의성을 위한 명칭일 뿐 계정과목은 아닙니다. 소계정의 하위계정도 많이 있는데, 예를 들면, <유형자산>의 하위계정으로 기계장치, 건물, 토지 등이 있을 수 있습니다.

끝으로, 계정과목에 익숙해지는 방법에 관한 팁(tip) 하나를 드리겠습니다. 금융감독원 전자공시시스템(dart.fss.or.kr)에서 여러 상장기업의 사업보고서를 다운로드 받아 재무제표가 나오는 부분을 보시면 해당 기업의 재무상태표와 손익계산서에 담긴 많은 계정과목을 확인할 수 있습니다. 눈으로 반복해서 몇 번만 읽어보시면 '아, 이런 게 계정과목이구나' 하며 깨닫게 될 것입니다.

제 6 장

수익 = 매출(액)?
수익 ≠ 매출(액)?

질문 6 : 수익이라고 하기도 하고 또 어떤 때는 매출(액)이라고도 하는데, 두 계정과목은 같은 말인가요? 다르면 어떻게 다른가요? 또 원가와 비용은 어떻게 다른가요?

예를 들어 설명하면, 이해가 쉬울 것 같습니다.

A 경운기 판매상이 2020년 한해 동안 제조업체로부터 대당 200만원에 100대를 현금으로 매입해 60대를 대당 300만원에 판매하고 40대가 재고자산으로 남았으나, 2021년도에는 신형 경운기 출시로 인해 구형인 기존 재고 40대를 대당 150만원에 재고떨이 할 수밖에 없었다고 가정해 보겠습니다. (매출액은 모두 현금으로 수취하였음)

위의 경우, 2020년도에 현금 2억원으로 매입한 경운기 100대는 입고와 동시에 일단 재고자산으로 처리됩니다. 그리고 한해 동안 60대를 팔고 수취한 현금 1억8천만원은 <매출(액)> 즉 <영업수익>이며, 그 60대를 구입할 때 지불한 1억2천만원은 <매출원가>가 됩니다. 매출액과 매출원가의 차이인 6천만원은 <이익>이 됩니다. 대개 <영업수익>은 기업의 주된 수익이므로 '영업'이라는 말을 생략하고 그냥 <수익>으로 표현하기도 합니다.

한편, 2020년 12월 31일까지 팔지 못한 40대에 해당하는 8천만원은 여전히 <재고자산>으로 남게 됩니다. 기업 입장에서는 <재고자산> 규모가 작을수록 더 좋은데, 그것은 화재, 도난, 분실 등과 같이 특별한 경우가 없는 한 그만큼 많이 팔렸다는 의미이기 때문입니다.

아무튼, 위 가정에서의 재고자산 40대는 2021년도에 손실을 감수하며 대당 150만원에 처분하게 되는데, 이때는 <매출(액)> 즉 <영업수익> 또는 <수익>이 6천만원이고, <매출원가>가 8천만원이 되며, 그 차액인 2천만원은 <손실>이 됩니다.

결국, <매출(액)>과 <영업수익> 또는 <수익>은 같은 말인데, 한자어로 풀어보면 더 선명하게 그 의미를 알 수 있습니다.

o 매출(액)(賣 팔 매, 出 날 출, 額) = 수익(收 거둘 수, 益 더할 익)
　　(내다 판 금액)　　　　=　　(거두어 더해지는 금액)

o 이익(利 이로울 이, 益 더할 익) <-> 손실(損 잃을 손, 失 잃을 실)
　　(더해져서 이로운 금액)　　<->　　　　(잃어버린 금액)

하지만 매출에도 여러 종류가 있을 수 있습니다. 제품매출, 상품매출, 서비스매출, 용역매출, 연구용역매출, 공사매출, 분양매출 등으로 구분할 수 있고, 소소하게 발생하여 비중이 크지 않는 경우는 몇 가지 매출을 묶어서 <기타매출>로 표시할 수도 있습니다.

그래서 <매출액>이라는 상위계정 밑에 <공사매출>, <분양매출>, <기타매출>이라는 하위계정으로 매출의 종류를 구분하는 건설사들도 있고, 그냥 <매출액> 계정 하나만 사용하는 기업들도 많습니다.

매출(액)을 의미하는 <영업수익> 또는 <수익>은 오로지 [판매행위]나 [서비스 제공]을 통해서 획득되는 경우 뿐이고, 그 외의 수익은 꼭 다른 용어와 합성되어 <이자수익>, <배당수익>, <기타수익>, <잡수익> 등으로 표현되는 <영업외수익>이라는 사실도 기억해 두면 좋을 것 같습니다.

한편, 원가와 비용은 일반적으로 혼동되기 쉬운 용어이고, 일상생활에서는 같은 의미로 사용되는 경우도 많은데, 회계상으로는 다른 개념으로 엄격히 구분됩니다.

다만, <매출원가>와 같이 비용이지만 '원가'라는 낱말이 포함되어 혼동을 유발하는 경우도 있고, 영어 표현에서 expense는 비용으로 번역되지만, cost는 원가 또는 비용으로 번역되기 때문에 헷갈릴 수 있습니다.

따라서 원가와 비용은 다음과 같이 학문적 관점에서 개념적 차이를 이해해 두는 것이 좋습니다. 참고로, 관련되는 몇 가지 용어의 의미를 한자어로 먼저 확인해 보고 나서 개념적 차이를 살펴보면 더 이해가 빠를 것 같습니다.

> ○ 원가(原 원래 원, 價 값 가, cost) : 원래 가격
> 　　(재화나 용역을 구입할 때의 원래 가격)

> ○ 비용(費 쓸 비, 用 쓸 용, expense) : 사용한 금액
> 　　(수익을 창출하기 위해 사용한 금액)

> ○ 매입(買 살 매, 入 들 입) => 매출원가(賣出原價, 상기 참조)
> 　　(사 들인 금액) 　　　　　　(내다 판 것의 원래 가격)

　우선, 원가의 의미부터 살펴보면, 백과사전에는 <어떠한 목적으로 소비된 경제가치를 화폐액으로 표시한 것>으로 되어 있습니다. 따라서 어떤 재화나 서비스(용역)를 구매할 때 사용된 모든 지출액은 일단 원가라고 볼 수 있습니다.

　그렇지만 회계에서 비용은 수익이 창출되는 과정에서 발생하는 것으로, 반드시 수익에 대응하여 인식할 수 있습니다. 다시 말해, 비용은 일정 기간 동안 획득된 수익에 대응하여 발생하는데, 그 수익창출에 기여한 자산가치의 소비액(cost 또는 expense)과 그 수익창출에 기여하지는 못했지만 부득이하게 발생한 자산의 가치소비액, 즉 손실(loss)을 의미합니다. 협의의 비용에는 수익창출에 기여한 전자만 포함되지만, <수익>과 <비용> 계정으로만 구성되는 손익계산서는 광의의 비용 개념에 근거하므로 결국 후자, 즉 <손실>까지도 비용이라고 할 수 있습니다.

　그리고 전자, 즉 수익창출에 기여한 자산가치의 소비액도 경우에 따라 두 가지로 나뉠 수 있습니다.

　앞에서 예를 든 A 경운기 판매상이 판매촉진을 위해 광고전단지를 만들고, 여러 명의 아르바이트생을 고용하여 그 전단지를 배포하는데 총 5백만 원의 현금이 지출되었다면, <현금>이라는 자산가치의 소비액은 곧바로 <광고선전비>(advertising expense)라는 비용으로 회계처리 됩니다. 다시 말

해, 원가 발생 즉시 비용처리 되는데, 이런 경우를 회계에서는 <기간비용처리>라고 합니다.

그렇지만, 판매 목적으로 대당 200만원에 100대의 경운기를 매입할 때 지출한 현금 2억원은 원가발생 즉시 바로 비용으로 처리되지 않고 일단 재고자산으로 처리되었다가 기말(회계연도가 끝나는 마지막 날)에 판매된 금액(1억2천만원)만 매출원가(cost of sales)라는 계정과목으로 비용화됨을 이미 공부하였습니다. 이때의 매출원가를 [소멸된 원가]라 하여 [미소멸된 원가]인 재고자산과 구별하기도 합니다.

만일, 위 A 경운기 판매상이 판매 목적이 아니라, 경운기 운반이나 기타 용도에 사용할 목적으로 2020년 1월 1일에 대형 트럭 1대를 1억원에 구입하였는데, 10년 동안 사용할 수 있고(내용연수), 매년 정액법으로 감가상각을 하기로 하였다면, 첫해인 2020년 12월 31일 결산 시에는 감가상각비(depreciation cost)라는 계정과목으로 1천만원이 비용화되고, 자산의 장부가치는 9천만원으로 감소하게 됩니다. 대형 트럭이 1년 동안 수익창출에 기여한 가치를 1천만원으로 보기 때문입니다.

한편, 후자, 즉 수익창출에 기여하지는 못했지만 부득이하게 발생한 자산의 가치소비액(loss)도 경우에 따라 몇 가지로 나눌 수 있습니다.

앞에서 예를 든 A 경운기 판매상의 재고 40대 중 10대를 도난 당했다고 가정해 보겠습니다. 이런 도난은 거의 발생하지 않는데, 유독 올해만 발생했다고 가정해 보겠습니다.(비정상적인 사례) 이 경우 10대에 해당하는 재고자산 2천만원은 <재고자산감모손실>(loss from inventory shrinkage)이라는 계정과목으로 비용처리 되어야 합니다. 다시 말해, 이런 경우는 판매 전에 발생한 <손실>로서 영업외비용에 포함됩니다. (원가성이 없는 감모손실)

하지만, 매년 10대 정도는 도난을 당하든지 보관 중 폐기해야 할 정도로 망가지는 경우가 꾸준히 발생해 왔다면, 원가성이 있다고 보아 영업외비용으로 처리하지 않고 <매출원가>에 포함시키게 됩니다.

다른 한편, 위 경운기 재고자산 40대를 아무런 사고 없이 잘 보관하였으나 시세 하락으로 이듬해에 매입가격보다 낮게 판매하였다면, 이로 인해 발생된 2천만원의 손실(loss)은 이미 수익의 감소에 반영되었기 때문에 별도로 비용에 포함시키지는 않습니다. 다시 말해, 판매 시에 발생하는 손실은 자동적으로 수익의 감소로 처리되므로 추가적인 회계처리가 필요 없습니다.

하지만, 판매는 아니지만 판매로 오해하기 쉬운 용어로 <처분>이라는 것이 있습니다. 예를 들어, 위 A 경운기 판매상이 유형자산으로 보유하고 있던 대형 트럭을 딱 1년만 사용하고 중고시장에서 8천만원에 처분하였다면, 장부가치(9천만원)에 못미치는 1천만원은 <유형자산처분손실>(loss on disposition of tangible assets)로 비용처리되고 손익계산서에 영업외비용으로 반영되어야 합니다.

물론 드물긴 하지만, 1년 사이에 최신형 대형 트럭이 출시됨에 따라 기존의 구형 트럭 시장가치가 7천만원으로 급락했다면, 손상차손(impairment loss) 2천만원을 반영하여 장부가를 7천만원으로 수정하여야 목적적합한 회계처리가 됩니다. <손상차손>(impairment loss) 역시 영업외비용에 속합니다.

이상의 내용들을 다시 일목요연하게 정리해 보면 다음과 같습니다.

(1) 구입[원가(cost)발생] 즉시 바로 비용(expense)처리 [기간비용처리]
(2) 구입[원가(cost)발생] -> 재고자산 -> 판매된 부분만 비용(cost 1)
(3) 구입[원가(cost)발생] -> 유형자산 -> 사용된 부분만 비용(cost 2)
(4) 구입[원가(cost)발생] -> 유형자산 -> 가치하락으로 손상차손(loss 1)
(5) 구입[원가(cost)발생] -> 유형자산 -> 처분손실 [장부가>처분가] (loss 2)
(6) 구입[원가(cost)발생] -> 재고자산 -> 도난·분실·파손 : 감모손실 (loss 3)
(7) 구입[원가(cost)발생] -> 재고자산 -> 판매 손실 [장부가>판매가] (loss 4)

위 내용을 다시 그림으로 정리해 보겠습니다.

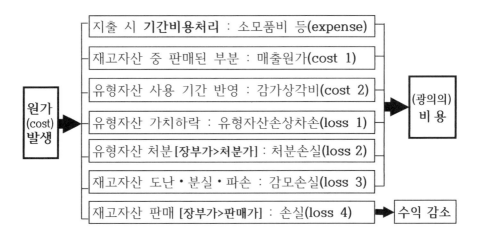

결국, 위 (1), (2), (3)은 협의의 비용으로서 수익창출에 기여하지만, 손실은 수익창출에 기여하지 못하므로 비용과 구분됩니다. 그렇지만 손익계산서는 <수익>과 <비용> 계정으로만 작성되므로 이때의 비용은 위 (1)부터 (6)까지가 모두 포함되는 광의의 비용이라고 할 수 있습니다.

참고로, 위 설명에서 등장한 용어 중 재고자산과 유형자산에 대해 부연설명을 드리면 다음과 같습니다.

① 재고자산(在 있을 재, 庫 창고 고, 資産) : (팔리지 않아) 아직 창고에 남아있는 제품이나 상품. 매각 시 【판매한다】라는 표현 사용.

② 유형자산(有 있을 유, 形 형상 형, 資産) : 형상이 있는 자산. 매각 시 【처분한다】라는 표현 사용. <-> 무형(無刑)자산.

동일한 자동차라도, 자동차 판매상이 판매 목적으로 보유하고 있다면 재고자산이지만, 업무용으로 1년 이상 사용하기 위해 보유한 경우라면 유형자산이 되는 것입니다.

판매 목적으로 만든 물건(제품)이나 구입한 물건(상품) 중 아직 팔리지 않아 창고에 쌓여 있는 물건은 재고자산이지만, 1년 이상 사용할 목적으로 보유한 건물, 토지, 구축물, 기계시설, 공기구비품, 차량운반구 등은 유형자산으로 회계처리 하여야 합니다. 물론 특허권, 상표권, 영업권 등과 같은 무형자산도 유형자산처럼 1년 이상 사용할 목적으로 보유하는 자산으로 유형자산과 유사한 방법으로 회계처리 하여야 합니다.

재고자산의 경우 보통은 1년 이내에 판매된다고 가정합니다. 비록 1년 이상 창고에 쌓여 있는 경우가 드물게 발생한다고 하더라도 여전히 재고자산으로 간주합니다. 재고자산은 매 기말(회계연도 마지막 날)에 가치를 다시 평가하여 시세가 하락한 경우라면 <재고자산평가손실>을, 도난·분실·파손 등과 같은 비정상적인 사건으로 말미암아 자산가치가 손상되었다면 해당 가액을 <재고자산감모손실>로 회계처리 하여야 합니다.

위 사례에서, 재고로 남은 40대의 경운기를 2021년 중에 판매하지 않고 기말까지 계속 보유하였다면, 기말에 <재고자산평가손실>도 반영하고, 도난·분실·파손 등의 유무도 확인하게 됩니다.

대부분의 유·무형자산은 매년 기말에 수익 창출을 위해 그 자산이 한해 동안 사용되어 희생된 가치만큼 비용으로 대체해주는 <자산의 비용화> 작업을 해야 합니다. 이를 감가상각(유형자산일 경우) 또는 상각(무형자산일 경우)이라고 부릅니다. 물론, 예외적으로 감가상각이나 상각을 하지 않도록 한국채택국제회계기준에서 규정하고 있는 자산들도 있습니다.

유·무형자산은 필요에 따라 자산가치를 재평가하여 <재평가잉여금> 또는 <평가손실>을 반영하기도 하고, 시세 하락이 급격하여 시장가치가 장부가치보다 대폭 낮아질 가능성이 있는 경우에는 이를 <손상차손>으로 회계처리 하여야 합니다. 구체적인 회계처리 방법은 회계원리 과목을 공부할 때 자세히 배우게 될 것입니다.

이상에서 언급한 모든 회계처리는 오직 해당하는 회계연도에 창출된 <수익>에 대응하는 <비용>을 합리적으로 산출하기 위함입니다.(수익비용대응의 원칙) 왜냐하면, 총 얼마를 벌었다면(수익), 밑천이 얼마였는지, 그래서 얼마의 이익이 남았는지 알아보는 것이 회계의 목적일 뿐 아니라 상식이기 때문입니다.

제 7 장

상품, 매입, 매출 계정?

**질문 7 : 상품을 사고 팔 때 <매입>이나 <매출> 계정을 사용하기도 하고,
또 어떤 때는 <상품>과 <이익> 계정을 동시에 사용하기도 하는데,
왜 한 가지 방법으로 통일하지 않고, 헷갈리게 두 가지 방법을 다
사용하나요?**

제품이나 상품은 구매할 때 가격과 판매할 때 가격이 달라집니다. 물론,
예외적으로 같은 가격으로 판매하는 경우도 있겠지만, 일반적으로는 구입
가격에 <이익>을 추가한 가격으로 팔기 마련입니다.

더군다나 특정한 제품이나 상품은 기업의 주된 영업활동의 대상이므로
회계기간 동안 얼마에 구입 또는 제조해서 얼마에 판매하고(매출액) 얼마
의 이익을 남겼는지(매출총이익) 그리고 팔지 못해 재고로 남은 상품·제
품(재고자산)은 얼마인지 파악할 필요가 있습니다.

단순히 상품의 매입 시 가격을 기준으로 아래와 같이 간단하게 분개해서
매출원가, 매출액, 매출총이익, 재고자산을 파악하는 방법도 있습니다.

1/1	(차변) 현	금	500	(대변) 자본금			500
1/11	(차변) 상	품	100	(대변) 현	금		100
4/13	(차변) 현	금	70	(대변) 상	품		50
				이	익		20
7/25	(차변) 상	품	300	(대변) 현	금		300
10/3	(차변) 현	금	250	(대변) 상	품		200
				이	익		50

12/31 잔액 : 상품 150, 현금 420 / 자본금 500, 이익 70

위와 같은 상품 매매 기록방법을 상품계정만 사용하면서 매출원가와 이
익을 분리해서 기록한다고 하여【단일상품계정-분기법】이라고 하는데, 대
변이든 차변이든 상품계정을 모두 매입원가로 기록하는 것이 특징입니다.
차변 잔액인 상품 150원은 <재고자산>을 의미하고, 대변 잔액으로 <매출
총이익> 70원을 금방 파악할 수 있습니다. 하지만 <매출원가>와 <매출액>
은 금방 파악되지 않습니다.

대변의 상품계정 각각을 더하여 합계액을 구하면 <매출원가> 250원이 집계되고, 이 금액에 <매출총이익> 70원을 더하면, <매출액> 320원이 계산됩니다. 이처럼 추가로 집계를 하거나 계산을 해야 <매출원가>와 <매출액>이 산출되는 방법이기 때문에 【단일상품계정-분기법】은 실무적으로 복잡합니다. 그래서 이 방법은 소량 고가 판매 업종에서 주로 사용됩니다.

두 번째로 【단일상품계정-총기법】으로 상품 매매를 기록하는 방법이 있는데, 구입할 때나 판매할 때 <상품>이라는 단일상품계정을 사용하는 것은 【단일상품계정-분기법】과 같지만, 구입할 때는 차변(상품)에 매입원가를, 판매할 때는 대변(상품)에 판매가격을 기록하는 것이 다릅니다.

매출원가와 이익을 분리하지 않고 총액(판매가격)으로 기록한다 하여 【총기법】이라고 부르는 것입니다. <이익> 계정은 기말에 가서 별도의 계산을 통해 산출해야 합니다. 위 거래를 【단일상품계정-총기법】으로 분개하여 기록해보면 다음과 같습니다.

1/1	(차변) 현 금 500	(대변) 자본금 500
1/11	(차변) 상 품 100	(대변) 현 금 100
4/13	(차변) 현 금 70	(대변) 상 품 70
7/25	(차변) 상 품 300	(대변) 현 금 300
10/3	(차변) 현 금 250	(대변) 상 품 250

12/31 기말 실지재고조사 결과 : 상품 150

ㅇ 매출원가(250) = 기초재고액(0) + **당기순매입액**(400) - 기말재고액(150)
ㅇ 매출총이익(70) = **당기순매출액**(320) - 매출원가(250)
  * **당기순매입액** = 당기총매입액 - (매입환출액 + 매입에누리액 + 매입할인액)
  * **당기순매출액** = 당기총매출액 - (매출환입액 + 매출에누리액 + 매출할인액)

위 방법으로는 대변 상품계정 각각을 더하여 <매출액> 320원을 구하고, 기말 실지재고조사를 통해 <재고자산> 150원을 파악할 수 있습니다. 하지만, <매출원가>는 상품의 당기 순매입액(차변 합계액)을 구한 후 기초재고

액을 가산하고 기말재고액을 차감하여 구할 수 있고, <매출총이익>은 당기
매출액에서 매출원가를 차감하여 구할 수 있습니다. 별도의 계산 작업을
거쳐야만 <매출원가>와 <매출총이익>을 알 수 있어서 불편합니다.

총기법을 간략히 요약해보면, 상품 매출 시 매출원가와 상품매출손익을
분리하지 않고 판매가격으로 기록하는 방법이어서 실무적으로 편리하며,
상품계정의 차변에는 전기이월액과 당기매입상품의 매입원가를, 대변에는
매입원가와 이익을 합한 판매가격을 기록하는 방법입니다.

오늘날 기업의 거래는 하루에도 엄청나게 많이 발생하고, 월 누적이나
연 누적으로 집계하면 수십만 건이나 수백만 건 이상의 기업들도 많을 것
입니다. 그에 반해 기업의 <매출액>이나 <매출총이익> 정보는 기업의 영
업전략에 피드백되는 중요한 정보이므로 거의 실시간으로 파악되어야 할
필요성이 커졌습니다.

따라서, 단일상품계정으로 기록하는 단일기장법(분기법 또는 총기법)의
단점을 보완하기 위해 활용되는 방법이 분할상품계정으로 기록하는 분할기
장법인데, 상품계정을 여러 개의 계정으로 분할하여 기록하는 방법입니다.

상품계정의 분할 방법에는 3분법, 5분법, 7분법, 9분법 등이 있으나, 이
하에서는 상품계정을 상품(또는 이월상품), 매입, 매출로 분할하는 3분법을
가지고 설명을 이어가도록 하겠습니다.

우선, 아래와 같이 3분법으로 분할기장한 사례를 제시해 보겠습니다.

1/01 (차변) 상　품	400	(대변) 전기이월	400
1/11 (차변) 매　입	300	(대변) 현　금	300
2/13 (차변) 현　금	700	(대변) 매　출	700
2/25 (차변) 매　입	600	(대변) 현　금	600
2/13 (차변) 현　금	500	(대변) 매　출	500

12/31 **기말 실지재고조사 결과 : 450** : (차변) 상품 450　(대변) 매입 450
12/31 기초재고 매입계정 대체 :　　(차변) 매입 400　(대변) 상품 400

매입계정 차변잔액 850(**매출원가**) / 매출계정 대변잔액 1,200(**매출액**)
매출총이익 = 1,200 - 850 = 350원

기말 실지재고조사는 어차피 해야 하는 일이고, 기초재고액은 이미 재무상태표에 나와 있는 수치이므로 간략히 기초와 기말 재고자산 대체분개만 하면 <재고자산>, <매출원가>, <매출액>이 파악되고, <매출총이익>은 매출액에서 매출원가를 차감한 금액이므로 어렵지 않게 산출됩니다.

    o 매출원가 : 매입계정 차변 잔액 =   850원
    o 매 출 액 : 매출계정 대변 잔액 = 1,200원
    o 매출총이익 : 매출액(1,200) - 매출원가(850) = 350원
    o 상품 기말재고 : 기말 실지재고조사 결과 : 450원

물론, 3분법에서 매출총이익을 구하는 방법은 비용(매출원가)을 손익계정 차변에, 수익(매출)을 손익계정 대변에 대체하여 그 차이로 구하는 <총액법>과 매입계정에서 계산된 매출원가를 매출계정에 대체해 매출계정에서 상품매출이익이 산정되는 <순액법>의 두 가지가 있지만, 나중에 자세히 공부할 기회가 있을 것이므로 여기서 추가설명은 생략하겠습니다.

마지막으로, 상품을 구매할 때 지출되는 운임, 매입수수료 등은 모두 상품의 매입원가에 포함됩니다. 그렇지만 상품을 판매할 때 지출하는 발송운임은 <판매비와관리비>에 속하는 <운반비> 계정으로 처리합니다.

그리고, 매입할인은 외상매입 후 매입채무를 약정된 기일보다 앞당겨 지불함으로써 앞당긴 기간에 상응하는 <화폐의 시간가치>만큼 덜 지급하는 것을 말합니다. 물론, 매출할인은 반대의 경우로 외상판매 후 외상매출금을 앞당겨 받을 때 그만큼 덜 받는 것을 의미합니다. 은행에 1개월 간 돈을 맡기면 1개월의 이자가 붙듯이 지급을 앞당긴 기간만큼 덜 지급하게 하는 것입니다.

매입환출액과 매출환입액은 반출을 통한 매입취소와 반입을 통한 매출취소이므로 각각 매입액 또는 매출액에서 그만큼 차감시키고, 매입에누리액

과 매출에누리액은 매입액과 매출액에서 일정 금액을 깎아서 실지급액과 실수령액을 낮추는 것입니다. 재래시장에서 주부들이 생선, 두부 등 생필품을 구입할 때 가격을 흥정하여 금액을 조금이라도 깎을 때 사용하는 표현이 <에누리>입니다.

제 8 장

수익비용대응의 원칙?

질문 8 : 수익비용대응의 원칙을 배웠는데, 모든 거래는 어차피 수익과 비용이 대응되는 것 아닌가요?

사람들은 본능적으로 어떤 수익이 발생하면 그 대가(비용)가 얼마였는지, 그래서 남은 이익이 얼마인지 생각하게 됩니다. 다시 말해 수익과 비용을 대응시키는 것은 너무나도 당연해서 굳이 원칙이라고 할 것까지는 없는데도, 회계학에서 수익비용대응의 원칙을 강조하는 것은 나름대로 그럴만한 이유가 있기 때문입니다.

너무나도 당연해서 언급되지도 않던 것이 19세기 철도회사에서부터 감가상각을 실시하면서 그 근거로 내세운 것이 수익비용대응의 원칙입니다.

철도회사는 초기 고정자산(비유동자산) 투자 규모가 커서 기존의 방법대로 그대로 모두 비용으로 처리하면 사업 초기에는 적자를 피할 수 없고, 투자가 없는 시기에는 크게 흑자가 나게 됩니다. 그 결과 사업 초기에 도움을 준 주주들에게는 배당금도 못 주고, 그 이후에 주주가 된 사람들에게는 지나치게 많은 배당금을 주게 되는 불공정 현상이 발생합니다.

그래서 생각해낸 것이 감가상각입니다. 장기간 사용하는 고정자산(비유동자산)의 경우, 내용연수(사용기간) 동안 고르게 수익에 기여한다고 볼 수 있습니다. 그러므로 구매나 투자 첫해에 모두 비용으로 처리하는 것이 오히려 불합리하고, 일단 자산으로 처리했다가 감가상각을 통하여 내용연수 동안 고르게 비용화하는 것이 더 수익비용대응의 원칙에 부합한다는 것입니다.

이해를 돕기 위하여 간단한 예를 들어 보도록 하겠습니다.

만일 A라는 사람이 1톤 봉고차 1대를 2,000만원에 구입하여 각 아파트를 돌아다니며 과일을 파는 사업을 시작하여 첫해인 2020년도에 판매수익 1억원을 달성했고, 비용이 아래와 같이 소요되었다면, A의 2020년도 순손익은 얼마일까요? (봉고차는 10년간 사용 가능하다고 추정함)

○ 과일 매입금 6천만원 (재고 없음)

○ 차량유지비 1천만원 (보험료, 유류비, 수리비, 세금 등)

○ 기타 비용 : 500만원

(1) 감가상각 하지 않는 경우 : 차량구입비 2,000만원을 비용으로 처리 시

손 익 계 산 서

A과일	(2020.1.1~12.31)	(단위: 원)
매　출		100,000,000
- 매출원가		- 60,000,000
매출총이익		40,000,000
- 판매비와관리비		- 15,000,000
- 차량구입비		- 20,000,000
순손익		5,000,000

(2) 차량구입비 2,000만원을 자산으로 처리 후 내용연수 10년에 걸쳐 정액법[1] 감가상각을 한 경우

[1]. 정액법 : 감가상각방법의 하나로 매해 동액의 감가상각비를 계산하는 방법

손 익 계 산 서

A과일	(2020.1.1~12.31)	(단위: 원)
매　출		100,000,000
- 매출원가		- 60,000,000
매출총이익		40,000,000
- 판매비와관리비 (차량감가상각비 200만원 포함)		- 17,000,000
순손익		23,000,000

위 예시에서 보여주는 바와 같이 차량구입비 2,000만원을 첫해에 모두 비용으로 처리하는 경우와 일단 자산으로 회계 처리한 후, 10년 동안 매년

수익창출에 기여했다고 합리적으로 추정되는 200만원만 각 회계연도 비용에 반영한 경우를 비교해 보면, 순손익의 차이가 아주 크게 나타남을 알 수 있습니다. A의 과일 판매업 영업현황이 매년 유사하다면 순손익도 매년 유사하여야 합리적인데, 감가상각을 반영할 경우에는 그렇게 됩니다.

한편, 감가상각은 수년 동안 사용할 목적으로 유·무형의 자산을 구매했을 때 그 이후 사용기간(내용연수) 동안에 걸쳐 매년 일정 금액을 비용화하는 방법이지만, 그와는 달리 사업을 장기간 시행함으로 인해 수년 후에 필히 발생하게 되는 큰 지출이 예상된다면 그 금액을 지출이 발생하는 그 해에 모두 비용으로 처리하면 과연 합리적일까요? 과연 수익비용대응의 원칙에 맞을까요?

가령, 사업용 빌딩을 10년 동안 임대해서 용도에 맞게 인테리어를 한 후 사무실과 작업장 등으로 사용하고, 10년 뒤 원상회복한 후 반환하기로 하였다면, 10년 후의 원상복구비용을 미리 추정하여 재무제표에 부채와 자산으로 반영하고 매년 일정금액을 비용으로 상각해 나가는 것이 수익비용대응의 원칙에 더 부합할 것입니다. 구체적인 예를 들어 설명해 보도록 하겠습니다.

A 주식회사는 2011년 1월 1일 직원 900명이 근무할 빌딩을 5년 약정으로 임대하였고, 50,000,000원을 들여 내부 인테리어 작업을 하였으며, 5년 뒤 계약 종료시점에 원상복구 의무를 부담하기로 하였습니다. 예상되는 건물의 원상복구비용은 16,105,100원이며, 유효이자율 10%로 적용하여 산출된 현재가치는 10,000,000원입니다. 또한, 인테리어에 소요된 50,000,000원은 현금으로 지출하였으며, 자본적 지출로 처리하기로 하였습니다. (건물 감가상각은 정액법 적용)

위 거래에 대해 A 주식회사는 다음과 같이 회계처리 하여야 합니다.

\<2011년\>
1/1　(차) 건　　물　50,000,000　　(대) 현　　금　　　50,000,000
　　　(차) 건　　물　10,000,000　　(대) 복구충당부채 10,000,000

12/31 (차) 감가상각비 12,000,000   (대) 감가상각누계액 12,000,000
     (차) 이자비용   1,000,000   (대) 복구충당부채   1,000,000

     cf. 이자비용 = (누적)복구충당부채 × 유효이자율 = 10,000,000 × 0.1

<2012년>
12/31 (차) 감가상각비 12,000,000   (대) 감가상각누계액 12,000,000
     (차) 이자비용   1,100,000   (대) 복구충당부채   1,100,000

     cf. 이자비용 = (누적)복구충당부채 × 유효이자율 = 11,000,000 × 0.1

<2013년>
12/31 (차) 감가상각비 12,000,000   (대) 감가상각누계액 12,000,000
     (차) 이자비용   1,210,000   (대) 복구충당부채   1,210,000

     cf. 이자비용 = (누적)복구충당부채 × 유효이자율 = 12,100,000 × 0.1

<2014년>
12/31 (차) 감가상각비 12,000,000   (대) 감가상각누계액 12,000,000
     (차) 이자비용   1,331,000   (대) 복구충당부채   1,331,000

     cf. 이자비용 = (누적)복구충당부채 × 유효이자율 = 13,310,000 × 0.1

<2015년>
12/31 (차) 감가상각비 12,000,000   (대) 감가상각누계액 12,000,000
     (차) 이자비용   1,464,100   (대) 복구충당부채   1,464,100
     (차) 복구충당부채 16,105,100   (대) 현   금   16,105,100

     cf. 이자비용 = (누적)복구충당부채 × 유효이자율 = 14,641,000 × 0.1

위에서 2015년 연말 복구충당부채를 현금으로 지급한 이후 차변과 대변 잔액을 정리해 보면 아래와 같습니다. 우선 차변부터 정리해 보겠습니다.

2011 비용 13,000,000 = 감가상각비 12,000,000 + 이자비용 1,000,000
2012 비용 13,100,000 = 감가상각비 12,000,000 + 이자비용 1,100,000
2013 비용 13,210,000 = 감가상각비 12,000,000 + 이자비용 1,210,000

2014 비용 13,331,000 = 감가상각비 12,000,000 + 이자비용 1,331,000
2015 비용 13,464,100 = 감가상각비 12,000,000 + 이자비용 1,464,100
<비용> 총 66,105,100

대변은 <현금> 66,105,100원만 남게 됩니다.

자산은 차감 계정인 감가상각누계액과 상계되어 사라지고, 복구충당부채 10,000,000원은 해마다 이자비용만큼 증가되어 16,105,100원에 이르지만, 마지막 날에 현금으로 지급되어 소멸됩니다.

결국, 입주 시 인테리어와 사용종료 시 원상복구에 소요된 자금이 모두 5년 동안 골고루 비용화된 것으로 확인되는 것입니다. 해마다 비용이 조금씩 다른 것은 유효이자율(10%) 때문입니다.

만일, 유효이자율이 0%라면, 5년 뒤 지출될 16,105,100원의 현재가치 역시 16,105,100원으로 변동이 없을 것이고, 이자비용 역시 발생하지 않을 것이며, 오로지 감가상각비만 해마다 13,221,020원씩[1] 발생하게 됩니다. 그리고 최초 분개 시 복구충당부채는 다음과 같이 16,105,100원이 됩니다.

<2011년>
1/1　(차) 건　　물　50,000,000　　(대) 현　　금　　50,000,000
　　　(차) 건　　물　16,105,100　　(대) 복구충당부채　16,105,100

[1]. 66,105,100(건물 가액) ÷ 5년 = 13,221,020원

복구충당비용에 대해 왜 미리 <부채>와 <자산>을 설정하고, 설정된 자산을 비용화(감가상각)하는 방식으로 처리하느냐고 질문할 수도 있을 것입니다. 그냥 매년 <복구충당비>(차변)와 <미지급금>(대변)을 설정해 나가다가 최종 해에 현금으로 지급하면서 누적된 미지급금을 없애면 안 되느냐고 물을 수도 있을 것입니다. 예상 원상복구비용 16,105,100원을 5년으로 나누면 다음과 같이 매년 3,221,020원의 복구충당비가 산출됩니다.

<2011년>
1/1   (차) 건   물 50,000,000   (대) 현   금   50,000,000
12/31 (차) 감가상각비 10,000,000   (대) 감가상각누계액   10,000,000
       (차) 복구충당비   3,221,020   (대) 미지급금(복구충당) 3,221,020

<2012년>
12/31 (차) 감가상각비 10,000,000   (대) 감가상각누계액   10,000,000
       (차) 복구충당비   3,221,020   (대) 미지급금(복구충당) 3,221,020

<2013년>
12/31 (차) 감가상각비 10,000,000   (대) 감가상각누계액   10,000,000
       (차) 복구충당비   3,221,020   (대) 미지급금(복구충당) 3,221,020

<2014년>
12/31 (차) 감가상각비 10,000,000   (대) 감가상각누계액   10,000,000
       (차) 복구충당비   3,221,020   (대) 미지급금(복구충당) 3,221,020

<2015년>
12/31 (차) 감가상각비 10,000,000   (대) 감가상각누계액 10,000,000
       (차) 복구충당비   3,221,020   (대) 현   금   16,105,100
       미지급금(복구충당) 12,884,080

<미지급금> 계정도 부채이고, <복구충당부채> 계정도 부채이긴 하지만, 두 가지 이유 때문에 위와 같은 방법은 적용할 수 없습니다.

첫째 이유는, 위와 같이 예상 원상복구비용을 사용기간으로 나누어 매년 일정한 금액의 <복구충당비>를 반영할 수 있으려면 <화폐의 시간가치>, 즉 유효이자율이 0%여야 하는데, 현실적으로 거의 불가능한 가정입니다. 왜냐하면, 한국채택국제회계기준에서는 화폐의 시간가치 영향이 중요한 경우의 충당부채는 예상되는 지출액의 현재가치로 평가하라고 요구하고 있기 때문입니다.

둘째 이유는, 【회계기준】에서 복구충당부채를 인식할 때는 자산과 부채를 동시에 인식해야 한다고 규정하고 있기 때문입니다.

결론적으로, <복구충당부채>는 제일 처음 예시한 경우처럼 <자산> 계정과 동시에 인식하되 현재가치로 평가된 금액으로 기록하여야 합니다. 그렇지만 회계를 처음 접하는 분들에게는 이런 내용들이 아직은 어려울 수밖에 없을 것입니다. '복구충당부채를 기말에 유효이자율로 상각한다.'라는 말도 이해되지 않을 수 있습니다. 하지만 회계학 각론을 본격적으로 공부할 경우 충당부채를 다루는 장에서 상세히 배울 수 있으므로, 본 장에서는 추가 설명을 생략하기로 하겠습니다.

또, 인테리어 관련 지출을 위에서 【자본적 지출】로 처리했다고 하였는데, 이는 바로 <비용>으로 처리되는 지출인 【수익적 지출】과 대비되는 것으로 지출 결과 자산의 내용연수(사용기간)가 연장되거나 자산의 가치가 증가되는 경우에 바로 비용으로 처리하지 않고 일단 <유형자산>으로 처리한 후 내용연수 동안 합리적으로 비용화하는 지출을 의미합니다.(감가상각) 만일, 빌딩 외벽이 누추하여 도장(페인트칠)을 다시 하는 경우라면 【수익적 지출】로 판단하여 <건물수선비>라는 비용 계정으로 즉시 회계처리 하는 것이 바람직합니다.

본 장에서 중요한 것은 적절하고 합리적인 수익비용대응을 위해 현재 또는 미래에 큰 지출이 발생하거나 예상된다면 일단 자산 또는 자산·부채로 처리한 후 전체 기간의 수익 발생에 고르게 기여하는 것이므로 비용도 전체 기간에 걸쳐 고르게 반영한다는 사실을 꼭 기억하는 것입니다. 감가상각비도 비용이며, 이자비용도 비용입니다.

결국, (1) 향후 수년 동안 사용할 목적으로 현재 구입한 자산가액이든, (2) 일정 기간의 사업 지속으로 인하여 미래 어느 시점에 크게 발생할 지출액이든, 모두 해당 사업기간의 수익창출과 관련되는 것이므로, '수익비용대응의 원칙'에 따라 해당되는 전체 기간에 걸쳐 고르게 또는 합리적으로 비용화해야 합니다. 자산이나 복구충당비가 매년 일정액의 비용으로 배분되어 '수익비용대응의 원칙'에 충실한 경우와 그렇지 않은 경우를 단순화시켜 간략한 그림으로 비교해 보면 더욱 이해하기 쉬울 것입니다.

< 수익비용대응의 원칙에 충실 ○ >

연도		2011	2012	2013	2014	2015	
매출액	•	30억	30억	30억	30억	30억	•
매출원가	•	20억	20억	20억	20억	20억	•
자산취득	(15억)						•
자산의 비용화	•	3억	3억	3억	3억	3억	•
복구충당비	•						(5억)
충당비 배분	•	1억	1억	1억	1억	1억	•
순손익		6억	6억	6억	6억	6억	

< 수익비용대응의 원칙에 충실 × >

연도		2011	2012	2013	2014	2015	
매출액	•	30억	30억	30억	30억	30억	•
매출원가	•	20억	20억	20억	20억	20억	•
자산취득	•	15억					•
복구충당비	•					5억	•
순손익		-5억	10억	10억	10억	5억	

수익비용대응의 원칙에 충실해야 하는 회계처리 기본원리를 좀 더 체계적으로 그리고 구체적으로 정리해 보면 아래와 같습니다.

(1) 수익에 직접 대응되는 비용

판매 목적으로 보유하던 제품이나 상품이 실제로 판매될 때 판매가격(수익)에서 이익(마진, margin)을 차감한 매출원가를 "수익에 직접 대응되는 비용"이라고 합니다. 이때 문제되는 것은 물가변동의 영향으로 매입 또는 제조된 재고자산의 단가가 계속 변경되는 경우입니다. 만일 먼저 매입된 상품이나 제조된 제품이 반드시 먼저 판매된다는 보장이 없고, 또 판매되는 각 상품이나 제품의 매입단가를 판매 시점에 일일이 파악할 수 없다면, 판매되는 제품의 단가를 얼마로 측정해야 합리적인가 하는 문제가 발생합니다. 이런 문제의 해결을 위해 한국채택국제회계기준에서는 다음과 같은 3가지 재고자산 단가결정 방법을 허용하고 있습니다.

① 선입선출법 : 먼저 매입된 상품이나 제조된 제품이 먼저 판매된다고 가정하는 경우입니다. 예를 들어 2020년 4월 중 거래가 다음과 같다고 가정해 보겠습니다.

일 자	적 요	수량(개)	단가(원)
4월1일	기초재고	20	1,000
9일	매입	80	1,100
16일	매출	90	
21일	매입	20	1,200
27일	매출	10	

매출일자별 매입단가를 선입선출법으로 산출할 경우, 16일에 판매된 90개 중 먼저 20개는 기초재고에서 판매되었으므로 매입단가가 1,000원이 되고, 그 후 판매된 70개의 매입단가는 1,100원이 됩니다. 그리고 16일 기준으로 재고로 남는 수량은 10개이며, 매입단가는 1,100원이 됩니다. 물론 이 재고는 27일에 판매되는 것으로 가정하게 됩니다. 왜냐하면, 21일에 1,200원에 매입한 20개의 재고보다 먼저 매입된(선입) 재고이기 때문입니다. 따라서 27일의 매입단가는 1,100원이 되고, 재고 20개의 단가는 1,200원이 됩니다.

② 평균법 : 이 방법은 다시 총평균법과 이동평균법으로 나눌 수 있습니다.

ㄱ. 총평균법 : 기초재고액과 총매입액을 합친 금액을 총재고수량으로 나누어 평균단가를 구하는 방법입니다. 앞에서 예시한 자료를 근거로 평균단가를 구해 보면, 다음과 같습니다.

ㅇ (20,000+88,000+24,000)/(20+80+20)=132,000/120=1,100원
  cf 1. 기초재고 　: 20개×1,000원=20,000
  cf 2. 매입(9일) : 80개×1,100원=88,000
  cf 3. 매입(21일) : 20개×1,200원=24,000

따라서, 16일에 판매된 90개와 27일에 판매된 10개의 매입단가는 모두

1,100원이 됩니다.

ㄴ. 이동평균법 : 매입과 매출이 발생할 때마다 평균단가를 새로 구하는 방법입니다. 앞에서 예시한 자료를 근거로 매출일자별 평균단가를 구해보면, 다음과 같습니다.

　　ㅇ 16일 : (20,000+88,000)/(20+80)=108,000/100=1,080원

　　　　cf 1. 기초재고　: 20개×1,000원=20,000
　　　　cf 2. 매입(9일)　: 80개×1,100원=88,000

　　　∴ 매출원가 : 90개×1,080원=97,200원

　　ㅇ 27일 : (10,800+24,000)/(10+20)=34,800/30=1,160원

　　　　cf 1. 재고(16일) : 10개×1,080원=10,800
　　　　cf 2. 매입(21일) : 20개×1,200원=24,000

　　　∴ 매출원가 : 10개×1,160원=11,600원

③ 개별법 : 판매되는 각 제품이나 상품의 제조원가나 매입단가가 저마다 다를 가능성이 많고 거래가 빈번하지 않은 고가의 귀금속이나 골동품 같은 경우 실제로 판매될 때마다 각각 개별적으로 매출원가를 반영하는 것이 더 합리적입니다. 따라서 이 방법에서는 선입선출법이나 평균법처럼 원가흐름을 가정할 필요가 없습니다.

한편, 매출원가 산출을 위해서는 판매된 수량의 파악도 단가 파악 못지 않게 중요한데, 총 매입 수량에서 기말의 재고자산 수량을 차감하는 방법(실지재고조사법), 거래가 발생할 때마다 재고자산의 매입과 매출 수량을 계속 기록하여 재고수량과 매출수량을 파악하는 방법(계속기록법), 그리고 계속기록법에 의해 파악된 기말 장부수량과 실지재고조사를 통해 파악된 기말재고수량을 비교해 감모수량을 산출하고 감모손실을 비용에 반영하는 방법(혼합법)이 있습니다. 감모손실에 대해서는 제6장에서 이미 공부하였으므로 필요할 경유 제6장을 참고하시기 바랍니다.

(2) 현재의 큰 지출이 향후 수년간의 영업활동에 기여하게 되는 경우

자산의 비용화라고 하는데, 감가상각비가 가장 대표적인 계정과목입니다. 이미 앞에서 A라는 과일장수의 봉고차로 예를 들어 설명하였으므로 참고하시기 바랍니다.

(3) 현재의 수익창출 활동으로 인해 향후 수년간 추가 지출이 예상되는 경우

판매한 제품이나 상품에 대하여 애프터서비스(after service) 차원에서 일정 기간 동안 무상수리나 결함이 심할 경우 제품교환까지 하게 되는 경우가 발생하기도 합니다. 이때 발생하는 비용이 품질보증비인데, 예상되는 미래 비용을 판매한 회계연도 기말에 제품보증충당부채로 미리 설정하여야 합니다.

대개는 과거의 경험에 근거하여 보증기간, 발생율, 1단위당 제품보증비 등을 추정하여 매 기말마다 새롭게 제품보증충당부채를 설정합니다. 이때 주의할 것은 이미 발생한 제품보증비를 차감해야 한다는 것과 예상되는 제품보증충당부채 총액에서 이미 설정된 잔액을 차감한 부족분만 추가로 설정해야 한다는 것입니다. 매년 일정하게 발생하는 제품보증비용을 손익계산에 반영하는 것은 수익비용대응의 원칙상 당연한 이치일 것입니다.

만일, 2020년 매출액 2,000,000원에 대한 품질보증비용이 2%로 추정되는 상황에서 동년 12월 31일까지 이미 두 차례에 걸쳐 15,000원의 품질보증비가 지출되었다면, 그리고 작년에 설정되었던 제품보증충당부채의 잔액이 10,000원 남아있다면, 다음과 같이 분개되어야 합니다.

* 제품보증비 추정액 = 2,000,000 × 0.02 = 40,000
* 추가 설정 제품보증충당부채 = 40,000 - 15,000 - 10,000 = 15,000

9/16 (차변) 제품보증비 7,000 (대변) 현 금 7,000
11/9 (차변) 제품보증비 8,000 (대변) 현 금 8,000
12/31 (차변) 제품보증비 15,000 (대변) 제품보증충당부채 15,000

(4) 현재의 수익창출 활동으로 인해 향후 수년간 일정액 또는 일정
　　비율의 손실 발생이 예상되는 경우

외상으로 제품 또는 상품을 판매할 때 발생하는 외상매출금이 100% 회수되는 일은 드뭅니다. 대체적으로 외상매출금의 일정 비율만큼은 결국 회수되지 못하는 악성채권이 되고 마는데, 이를 매출 발생 시점에 미리 손실로 처리하면 수익비용대응의 원칙에 더욱 충실할 수 있습니다.

예전에는 과거 경험치로 대손율을 추정하였으나, 오늘날 한국채택국제회계기준에서는 각 매출채권마다 예상되는 채무불이행 발생확률 및 채무불이행으로 인해 회수하지 못할 금액을 추정하는 기대신용손실모형 적용을 원칙으로 하고 있습니다. 다만, 기대신용손실 추정이 어려운 경우에 한해 과거와 같은 매출채권 연령분석법 등을 허용하고 있습니다. 산출된 예상 손실액은 아래와 같은 분개로 비용처리 됩니다.

　　　　(차) 손상차손 XXX,XXX　 (대) 손실충당금 XXX,XXX

매출채권이 아닌 미수금(상품이나 제품 판매 이외의 경우, 예를 들어 대여금과 같은 금융상품의 미상환액)에서도 기대신용손실모형을 적용하여 일정 금액의 손실충당금을 설정할 수 있습니다. 이 경우에도 위와 같은 분개를 통하여 비용처리 하면 됩니다.

이상에서 언급한 여러 용어들이 조금은 낯설고 어려울 수 있으나, 수익비용대응의 원칙에 충실하기 위한 회계기능의 하나라는 사실 정도만 숙지하고, 구체적인 산식이나 처리방법은 좀 더 본격적으로 회계학을 공부할 때 습득하시기 바랍니다.

(5) 현재부터 미래의 일정시점까지의 영업활동으로 인해 미래의 일정시점에
　　큰 지출이 예상되는 경우

미리 충당부채를 설정하여 비용으로 상각해 갈 뿐만 아니라, 상대계정인 자산에 대해서는 감가상각을 통해 미리 일정한 비용을 매년 회계처리 하는 방법인데, 이에 대해서도 앞에서 복구충당부채의 예로 이미 설명하였습니

다.

　이상에서 예시한 충당부채 외에도 퇴직급여충당부채, 손실부담계약충당
부채, 소송충당부채, 구조조정충당부채, 포인트충당부채 등과 같이 미래에
예상되는 지출을 미리 비용으로 반영하면서 충당부채를 설정하는 경우가
다양합니다. 요점은 미래의 지출이 지출 시점 이전의 수익과 관련된다면
수익비용대응의 원칙에 따라 수익이 발생하는 연도의 비용으로 미리 반영
하여야 한다는 사실입니다.

제 9 장

매출총손익, 영업손익,
당기순손익?

질문 9 : 손익계산서에 매출총손익, 영업손익, 당기순손익 등 여러 종류의 손익계정이 있는데, 어떻게 다른가요? 회계원리에서는 당기 순손익이 주로 언급되는데, 그 이유는 무엇인가요?

　기업마다 고유의 영업활동이 있습니다. 삼성전자는 각종 전자제품을 제조해서 판매하고, 현대자동차는 자동차를 제조해서 판매합니다. 케이티는 통신서비스 업체이고, 이마트는 소매유통업입니다. 이와 같이 해당기업의 주된 영업활동에서 발생하는 손익을 영업손익이라고 합니다. 물론 기업에는 이자수익, 배당금수익, 유형자산처분이익 등 다양한 형태의 영업외손익이 발생하기도 합니다. 하지만, 일반적으로 영업외손익의 비중은 극히 미미합니다. 따라서 대부분의 손익은 영업손익에서 발생하게 됩니다.

　영업손익은 영업수익인 매출액에서 영업비용인 매출원가와 판매비와관리비를 차감한 결과입니다. 매출원가는 순수하게 제품, 상품, 용역(서비스) 자체에서 발생하는 비용이고, 매출액은 순수하게 제품, 상품, 용역(서비스)의 판매가격입니다. 그리고 매출액에서 매출원가만 차감인 손익을 <매출총손익>이라고 합니다.

　하지만 매출은 단순히 매출원가만으로 발생되는 것이 아니고, 반드시 판매활동이 수반되고 기업 자체가 유지 존속되어야 야기될 수 있습니다. 이렇게 판매활동에 소요되거나 기업의 유지·관리에 사용되는 비용을 판매비와관리비라고 합니다. 임직원의 급여, 복리후생비, 임차료, 접대비, 감가상각비, 세금과공과, 광고선전비, 보험료, 소모품비 등을 판매비와관리비의 예로 들 수 있습니다. 이러한 판매비와관리비까지 차감하면 비로소 <영업손익>이 산출됩니다.

　영업손익에 이자수익, 임대료, 외환차익 같은 <영업외수익>을 가산하고, 이자비용, 기부금, 외환차손 같은 <영업외비용>을 차감하면 <법인세비용차감전순손익>이 산출되고, 다시 법인세비용을 차감하면 <당기순손익>이 산출됩니다.

　결국, 기업의 최종 실현 순손익은 <당기순손익>이 됩니다. 그리고 이 당기순손익은 배당으로 사외유출되는 부분 외의 잔액은 재무상태표상 자본(이익잉여금)으로 대체되어 사내에 유보됩니다.

한편, 상장기업에 적용되는 한국채택국제회계기준에서는 포괄손익계산서를 의무적으로 작성하게 하는데, 실현 손익인 당기순손익에 미실현 손익인 기타포괄손익을 가감하여 최종적으로 총포괄손익을 산출하는 방식입니다. 유·무형자산의 재평가잉여금, 기타포괄손익-공정가치측정금융자산평가손익, 해외사업환산손익 등이 기타포괄손익에 해당하는 계정과목인데, 중급회계에서 깊이 배울 수 있으므로 본 장에서는 이런 것도 있구나 하는 정도로만 기억하고 넘어가시기 바랍니다.

기타포괄손익은 아직 순손익으로 실현되지 않고 평가만 된 상태의【미실현손익】으로서 재무상태표상 자본 항목 중 하나인 기타포괄손익누계액에 일단 대체되었다가 이익이 실제로 실현되면 다시 회계처리 되는데, 정상적인 기업이라면 그 규모가 미미하여 전체 자본에 끼치는 영향은 별로 없다고 말할 수 있습니다.

손익계산서

제 52 기 2020.01.01 부터 2020.12.31 까지
제 51 기 2019.01.01 부터 2019.12.31 까지
제 50 기 2018.01.01 부터 2018.12.31 까지

삼성전자 주식회사 (단위 : 백만원)

	제 52 기	제 51 기	제 50 기
수익(매출액)	166,311,191	154,772,859	170,381,870
매출원가	116,753,419	113,618,444	101,666,506
매출총이익	49,557,772	41,154,415	68,715,364
판매비와관리비	29,038,798	27,039,348	25,015,913
영업이익	20,518,974	14,115,067	43,699,451
기타수익	797,494	5,223,302	972,145
기타비용	857,242	678,565	504,562
금융수익	5,676,877	4,281,534	3,737,494
금융비용	5,684,180	3,908,869	3,505,673
법인세비용차감전순이익(손실)	20,451,923	19,032,469	44,398,855
법인세비용	4,836,905	3,679,146	11,583,728
계속영업이익(손실)	15,615,018	15,353,323	32,815,127
당기순이익(손실)	15,615,018	15,353,323	32,815,127
주당이익			
기본주당이익(손실) (단위: 원)	2,299	2,260	4,830
희석주당이익(손실) (단위: 원)	2,299	2,260	4,830

포괄손익계산서

제 52 기 2020.01.01 부터 2020.12.31 까지
제 51 기 2019.01.01 부터 2019.12.31 까지
제 50 기 2018.01.01 부터 2018.12.31 까지

삼성전자 주식회사 (단위 : 백만원)

	제 52 기	제 51 기	제 50 기
당기순이익(손실)	15,615,018	15,353,323	32,815,127
기타포괄손익	(549,299)	(851,958)	(378,321)
후속적으로 당기손익으로 재분류되지 않는 포괄손익	(549,299)	(851,958)	(378,321)
기타포괄손익-공정가치측정 금융자산평가손익	93,251	73,199	(88,440)
순확정급여부채(자산) 재측정요소	(642,550)	(925,157)	(289,981)
후속적으로 당기손익으로 재분류되는 포괄손익	0	0	0
총포괄손익	15,065,719	14,501,365	32,436,806

제 10 장

발생주의와 현금주의?

질문 10 : 재무상태표와 손익계산서와 자본변동표의 작성 기준인 발생주의와 현금의 변동 내역을 보여주는 현금흐름표의 작성 기준인 현금주의는 어떻게 다른가요? 그리고 그렇게 구분하는 이유는 무엇인가요?

발생주의 역시 수익비용대응의 원칙에 더 충실한 재무정보를 각종 이해관계자들에게 제공하기 위한 회계처리 기법의 하나라고 할 수 있습니다. 만일, 현금주의에 따라 실제로 현금이 입금 또는 출금될 때 수익과 비용을 인식한다면 어떤 일이 발생할까요?

예를 들어, 상품 1천만원을 2020년 10월 29일 판매하면서 4백만원은 현금으로 받고, 잔액 6백만원은 3개월 뒤에 현금으로 받기로 하였다면, 당일 매출액은 4백만원 뿐일까요? 6백만원은 현금이 입금되는 2021년 1월 29일의 매출액으로 회계처리 되어야 할까요?

위 거래를 발생주의에 따라 회계처리하면, 1천만원 모두 2020년 10월 29일의 매출액이 됩니다. 물론, 4백만원은 현금 계정으로, 6백만원은 매출채권 (또는 외상매출금) 계정으로 분개장 차변에 기록되고, 대변에는 1천만원이 매출 계정으로 기록됩니다. 1천만원 모두 2020년 매출로 인식되어 진실에 부합하게 됩니다.

10/29 (차변) 현　　금 4,000,000　　(대변) 매　　출 10,000,000
　　　　　　 매출채권 6,000,000
1/29 (차변) 현　　금 6,000,000　　(대변) 매출채권　6,000,000

만일, 위 거래가 상품 판매가 아니고, 사용 중이던 장부가 8백만원인 중고 트럭을 1천만원에 처분하는 경우라면, 분개는 다음과 같이 되어야 합니다. 왜냐하면, 영업거래인 기업의 일반적 상거래에서는 '매출채권' 계정을 사용하지만, 영업외거래에서는 '미수금' 계정을 사용해야 하기 때문입니다.(트럭의 최초 구입가격은 5천만원이고, 감가상각누계액은 4천2백만원이라고 가정함)

10/29 (차변) 현　　금 4,000,000　　　(대변) 차량운반구 50,000,000
　　　　　미 수 금 6,000,000　　　　　　유형자산처분이익 2,000,000
　　　　　감가상각누계액 42,000,000
1/29　(차변) 현　　금 6,000,000　　　(대변) 미 수 금　6,000,000

　한편, 영업외수익인 이자수익, 임대료 등의 수익이 발생하였으나, 제 때에 입금이 되지 않았을 때는 다음과 같이 '미수수익' 계정을 사용하고, 실제로 수령이 된 날 '미수수익' 계정을 제거하면 됩니다.

12/31 (차변) 미수수익 400,000　　　(대변) 이자수익 400,000
1/31　(차변) 현　　금 400,000　　　(대변) 미수수익 400,000

　이상에서 예시한 매출채권, 미수금, 미수수익 모두 자산 계정입니다.

　그렇지만 반대의 경우, 즉 상품, 제품, 용역, 자산 등을 제공하기로 하였으나 아직 이행되지 않은 상태에서 미리 대금의 일부가 입금되는 경우도 있습니다. 일종의 계약금 성격인데, 선수금 계정을 활용합니다. 10월 20일 선수금이 입금되고, 11월 30일 계약의 이행이 완료되어 잔금이 입금되었다면 다음과 같이 분개할 수 있습니다.

10/20 (차변) 현　　금 400,000　　　(대변) 선수금 400,000
11/30 (차변) 현　　금 500,000　　　(대변) 매　　출 900,000
　　　　　선수금 400,000

　만일, 2020년 10월 1일에 1년치 이자수익이나 임대료 등의 영업외수익을 미리 수령했다면, 일단 현금주의에 따라 수익처리하고, 12월 31일 결산정리분개를 통해 2020년도에 해당하는 수익만 수익으로 처리하고, 2021년도에 해당하는 수익은 '선수수익'으로 대체하였다가 이듬해 초에 역분개를 통해 2021년도의 수익으로 반영하여야 합니다.

10/1　(차변) 현　　금 1,200,000　　　(대변) 임 대 료 1,200,000
12/31 (차변) 임 대 료　900,000　　　(대변) 선수수익　900,000

1/1   (차변) 선수수익   900,000   (대변) 임 대 료   900,000

선수금과 선수수익은 상품, 제품, 용역, 자산 등을 제공할 의무 또는 기간의 도래를 필수적으로 기다려야 하는 경우에 해당하므로 부채 계정입니다.

다른 한편, 상품이나 원재료를 매입하고 대금을 제 때에 지급하지 못한 경우에는 <매입채무> 계정을, 업무용으로 사용하기 위해 구입하는 유·무형자산의 대금이나 기타 주된 영업활동 이외의 거래로 인해 발생한 지급의무를 제 때에 이행하지 못한 경우에는 <미지급금> 계정을 사용하여 분개하여야 합니다.

또한, 계속적으로 용역의 제공을 받는 거래에서 이미 제공된 용역에 대해 아직 그 대가를 지급하지 못한 경우 기말에 <미지급비용> 계정을 사용하여 결산정리분개를 하여야 하고, 이듬해 초에 역분개를 하여야 합니다. <미지급비용>은 <미지급이자>, <미지급임차료>, <미지급수수료>, <미지급급료>, <미지급전력료>, <미지급보험료> 등과 같이 해당 비용 계정과 결합하여 기록됩니다.

<매입채무>, <미지급금>, <미지급비용>은 지급 의무를 포함하고 있으므로 부채 계정입니다.

    <외상으로 상품 구입 후 1개월 뒤 지급 시>
10/29 (차변) 매   입 4,000,000   (대변) 매입채무 4,000,000
11/29 (차변) 매입채무 4,000,000   (대변) 현   금 4,000,000

    <외상으로 소모품 구입 후 1개월 뒤 지급 시>
10/29 (차변) 소 모 품 500,000   (대변) 미지급금 500,000
11/29 (차변) 미지급금 500,000   (대변) 현   금 500,000

    <1년 뒤 원리금 상환조건으로 연 2% 이율로 1억원 대출>
7/1   (차변) 현 금 100,000,000   (대변) 차입금 100,000,000

```
12/31 (차변) 이자비용  1,000,000      (대변) 미지급이자  1,000,000
1/1   (차변) 미지급이자  1,000,000    (대변) 이자비용  1,000,000
6/31  (차변) 차입금  100,000,000     (대변) 현 금   102,000,000
            이자비용  2,000,000
```

　반대의 경우, 즉 지급 기한이 미도래 상태인데도 미리 대금의 일부를 지급하는 경우도 생각해 볼 수 있습니다. 먼저, 상품, 원재료 등의 매입과 같이 주된 영업활동과 관련된 거래에서 매매계약을 확실히 하기 위하여 대금의 일부를 미리 지급하는 경우가 있는데, 이때에는 자산 계정인 <선급금> 계정을 사용합니다.

　7월 1일 구매계약과 동시에 선급금 1백만원을 지급했는데, 8월 1일 계약이 이행되어 잔금 8백만원을 지급하였다면, 다음과 같이 분개하면 됩니다.

```
7/1  (차변) 선급금  1,000,000      (대변) 현  금  1,000,000
8/1  (차변) 매  입  9,000,000      (대변) 현  금  8,000,000
                                        선급금  1,000,000
```

　그렇지만 주된 영업활동이 아닌 유형자산의 취득 시에 계약금이나 중도금을 지급하였을 때는 <선급금>으로 처리하지 않고 <건설중인 자산>으로 처리함을 유념하여야 합니다.

　그리고 비용의 경우에는 자산 계정인 <선급비용>으로 처리하는데, 예를 들어, 1년치 보험료 2백4십만원을 2020년 8월 1일 선납하였다면, 2020년 8월 1일부터 2021년 7월 31일까지의 보험료이므로, 2020년에 해당되는 보험료는 1백만원이고, 나머지 1백4십만원은 2021년의 보험료로 회계처리되어야 발생주의에 부합합니다.

　위 경우의 분개는 다음과 같습니다. 12월 31일의 결산정리분개에 대해서는 이듬해 1월 1일에 역분개를 하는 것이 일반적입니다.

8/1	(차변) 보험료 2,400,000	(대변) 현　금 2,400,000
12/31	(차변) 선급보험료 1,400,000	(대변) 보험료 1,400,000
1/1	(차변) 보험료 1,400,000	(대변) 선급보험료 1,400,000

만일, 현금주의에 따라 2020년 8월 1일 보험료 비용 2백4십만원이 발생하였다고 기록하면 수익비용대응의 원칙에 충실하지 못하는 결과에 이르게 됩니다. 왜냐하면, 2020년 수익 창출을 위해 실제로 희생된 보험료 비용은 1백만원 뿐이기 때문입니다.

이처럼 발생주의 회계는 현금주의보다 수익비용대응의 원칙에 더 충실한 회계정보를 산출하게 되고, 이를 통해 각종 이해관계자들에게 더욱 신뢰성 있고 목적적합한 회계정보를 제공할 수 있게 합니다.

그렇지만, 재무제표 중 현금흐름표만큼은 현금주의에 따라 작성됩니다. 왜냐하면, 현금흐름표는 기업 내부에 남아있는 현금이 실제로 얼마인지, 1년 동안 영업활동과 투자활동과 재무활동 각 항목에서 현금의 증감이 어떻게 발생하였는지 등을 파악함으로써 향후 기업의 현금흐름을 전망할 수 있게 해주는 유일한 재무제표이기 때문입니다. 구체적인 내용은 회계원리를 공부할 때 자세히 공부하시기 바랍니다.

흑자부도라는 말이 있는데, 발생주의 기준으로 작성되는 재무상태표, 손익계산서, 자본변동표를 통해서 확인되는 재무건전성은 양호하고 수치상으로도 분명히 흑자이지만, 당장 현금이 없어서 지급어음 만기일이 도래하거나 일정한 기일까지 상환해야 할 부채에 대해 제 때에 지급을 못 해서 발생하는 부도를 말합니다.

따라서 오늘날 경영자들은 재무상태표나 (포괄)손익계산서 못지않게 <현금흐름표> 정보를 중시하고, 자금 및 위험 관리 능력이 탁월한 CFO(Chief Finance Officer, 재무담당 최고책임자)를 영입하여 기업의 혈액과 같은 현금을 효율적으로 관리하고 불확실성으로 인해 발생할 수 있는 현금 리스크도 늘 대비하게 하는 것입니다.

제 11 장

수익의 인식시점?

질문 11 : 발생주의 회계에 대해 이미 배웠지만, 위탁판매, 할부판매,
　　　　시용판매 등 상품이나 제품의 판매 유형이 다양하여 구체적으로
　　　　【판매】라는 <경제적 사건>이 어느 시점에 발생했다고 봐야
　　　　하는지 결정하기가 곤란할 때도 있습니다. 각 판매
　　　　유형별로 거래 발생 시점이 어떻게 결정되는가요?

　기업의 수익은 거래를 통해 획득됩니다. 하지만 수익과 비용은 발생주의
회계에 따라 거래가 인식되는데, 구체적으로 수익은 언제, 그리고 비용은
언제 발생했다고 보느냐의 문제가 뒤따릅니다.

　일반적으로 수익은 "거래가 실현되었을 때" 인식되는데, 이를 【실현주
의】라고 합니다. 그리고 비용은 "거래가 발생했을 때" 수익비용대응의 원
칙에 따라 인식합니다.

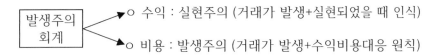

　어떤 물건을 판매하는 경우, 재화를 인도할 의무와 대금을 청구할 권리
가 동시에 발생합니다. 그렇지만 좀 더 엄격하게 살펴보면, 대금의 청구
이전에 실제로 【회수가능성】이 확실해야 거래가 성사될 수 있습니다. 상대
방이 현금이 부족할 경우, 외상거래로 추진한다면 아무래도 【회수가능성】
은 현금거래보다 낮아질 가능성이 큽니다. 결국, 재화의 인도 의무만 이행
했다고(가득요건) 수익이 인식되는 것이 아니라, 대금의 【회수가능성】이 확
정적일 때(실현요건) 수익이 인식될 수 있습니다. 따라서 실현주의는 발생
주의가 더 강화된 경우, 즉 강화된 발생주의라고 할 수 있습니다.

　반면, 비용은 거래 상대방으로부터 재화나 용역을 제공받았을 때 바로
대금의 지급 의무가 발생하므로 즉시 비용으로 인식할 수 있습니다.

　하지만, 수익 거래는 그 형태가 참으로 다양합니다. 소매자영업자의 경
우처럼 재화나 용역의 제공과 동시에 대금이 그 자리에서 지급되는 경우는

즉시 수익을 인식하면 됩니다. 하지만, 의무이행 시점이 애매한 경우도 많습니다. 그래서 한국채택국제회계기준에서는 수익인식의 단계를 다음과 같이 5단계로 제시하고 있습니다.

<수익인식의 5단계>

1단계 : 계약 식별 (고객과의 계약내용 식별)
2단계 : 수행의무 식별 (고객에게 제공해야 할 의무를 식별)
3단계 : 거래가격 산정 (의무이행에 대한 대가로 받을 금액을 측정)
4단계 : 거래가격 배분 (거래가격을 계약 내 수행의무별로 배분)
5단계 : 수익인식 (인도기준 또는 진행기준에 따라 의무 이행 시 수익인식)

위와 같은 절차로 수익을 인식할 경우, 일반적인 재화의 판매는 판매 시점에 5단계를 동시에 충족시키게 되므로 판매 시점에 수익을 인식하면 됩니다. 그렇지만 재화의 판매 형태가 일반적이지 않은 경우도 많고, 용역의 제공 방법도 다양하여 일률적으로 수익인식 시점을 정할 수 없는 경우가 많습니다. 그런 경우의 수익인식 시점은 아래 목록과 같습니다.

<거래유형별 수익인식 시점 : 재화의 판매>

(1) 위탁판매 : 수탁자(또는 대리인)가 제3자(고객)에게 재화를 인도한 시점
              (재화의 소유권이 위탁자로부터 고객에게 이전됨)
   * 위탁자 : 물건이나 업무처리 등을 맡긴 사람   * 수탁자 : 업무의 처리를 위임받은 사람
(2) 시용판매 : 고객이 매입의사를 표시한 시점
   * 시용판매(試用販賣) : 고객이 시험 사용 후 구입 여부를 결정하는 판매 방식.
(3) 할부판매 : 재화가 인도되는 시점
   * 할부판매(割賦販賣) : 재화 인도 후 대금을 여러 차례 나눠 납부받는 판매 방식
(4) 상품권 판매 : 재화를 인도하고 상품권을 회수하는 시점
(5) 인도결제판매 : 재화 인도가 완료되고 판매처에서 현금을 수취하는 시점
(6) 완납인도 예약판매 : 재화를 인도하는 시점
(7) 중간상에 대한 판매 : 재화에 대한 통제권이 이전되는 시점
(8) 정기간행물 구독료 : 구독 기간 동안 매 기간 같은 금액으로 정기적으로 처리

<거래유형별 수익인식 시점 : 용역의 제공>

(1) 이자수익 : 유효이자율법을 적용한 발생기준에 따라 수익인식

(2) 배당금수익 : 배당금 받을 권리가 확정되는 시점

(3) 로열티수익 : 계약의 경제적 실질을 반영한 발생기준에 따라 수익인식

(4) 광고매체 수수료 : 광고를 대중에게 전달하는 시점

(5) 광고제작 용역수익 : 제작기간 동안 진행기준[1] 적용

(6) 공연입장료 : 행사가 개최되는 시점

(7) 수강료 : 강의 기간 동안 발생기준 적용

(8) 주문 개발하는 소프트웨어 : 진행기준[1]에 따라 수익인식

[1]. 진행기준 : 제작·개발·공사와 같이 일정 기간이 소요되는 계약에서 진행 정도에 따라 총 계약금액을 기간별로 배분하여 제작·개발·공사 기간 중에 진행률에 따라 여러 차례 수익을 인식하는 방법. 만일, 진행률이 30%라면 계약금액의 30%를 수익으로 인식하고, 다시 70%까지 진행되면 추가로 계약금액의 40%를 수익으로 인식하고, 완성되어 인도되면 최종 30%를 수익으로 인식하는 방법.

제 12 장

에누리와 할인의 차이?

질문 12 : 에누리와 할인의 차이가 헷갈립니다. 그리고 현재가치와 미래가치는 어떻게 다른가요?

일상생활 속에서 <에누리>와 <할인>은 흔히 혼용해서 사용하는 말입니다. 하지만 회계에서는 엄격히 다릅니다.

<에누리>는 "값을 깎다"라는 의미입니다. 10,000원에 판매되던 케익이라도 늦은 밤까지 팔리지 않으면 폐장 시간에 임박하여 "떨이상품"으로 6,000원에 팔기도 합니다. 이때 깎인 4,000원을 <에누리>라고 합니다. 쉽게 말해, 정가보다 싸게 파는 값을 에누리 가격이라고 합니다.

하지만, <이자>와 <할인액>, 그리고 <현재가치>와 <미래가치>는 모두 "화폐의 시간가치[1]"와 관련된 개념입니다. <이자>의 반대말은 <할인액>이고, <현재가치>의 반대말은 <미래가치>인데, 모두 【일정한 기간】이 반드시 전제되어야 산출될 수 있는 값입니다.

---

[1]. 엄밀하게 표현하면, <화폐의 사용시간가치> 또는 <화폐의 투자시간가치>라고 해야 합니다. 100만원을 장롱에 1년 동안 보관한다고 해서 100만원이 110만원으로 불어나지는 않기 때문입니다. 은행에 투자(예금)하든, 주식에 투자하든, 친구에게 투자하든(빌려주든), 부동산에 투자하든 돈은 일정 기간 사용(투자)할 때 가치가 생기는 것입니다. 물론 위험의 정도가 그 가치를 상쇄시키기 때문에 최종결과(수익률)는 플러스(+)일 수도 있고 심지어 마이너스(-)가 될 수도 있습니다.

이해를 돕기 위해 예를 들어 설명해 보겠습니다.

누군가가 은행에 연 이자율 10%로 100만원을 1년 만기 정기예금에 가입하였다면, 1년이라는 【일정한 기간】 때문에 1년 뒤 <이자> 10만원이 추가된 110만원을 찾게 되는 것입니다. 100만원이라는 화폐의 1년간의 시간가치는 10만원이라는 의미이고, 현재 100만원의 1년 뒤 <미래가치>는 110만원이라는 의미입니다.

반대로, 1년이라는 【일정한 기간】 뒤에 받을 110만원의 <현재가치>는 100만원인데, 이는 【연 할인율】 10%로 110만원을 <할인>한 결과입니다.

만일, 상품 330만원을 판매하고, 상품대금을 현금으로 받지 않고 1년 만기 어음으로 받았는데, 판매 후 6개월 만에 급히 현금이 필요하여 그 어음을 은행에 가서 연 20%의 할인율로 <할인>하였다면, 현금을 6개월 앞당겨 받는 대신 반년 10%의 할인율로 <할인>된 300만원[2]만 받게 되는 것입니다. 이때 차이나는 30만원을 <할인된 금액>이라고 부릅니다.

[2]. $3,300,000 \div (1+0.1)^1 = 3,000,000$ (6개월 이자인 10%를 반영한 결과)

제 13 장

선수금과 예수금?

**질문 13 : 선수금과 예수금이 혼동될 때가 있습니다. 두 계정과목의
분명한 차이는 무엇인가요?**

선수금(先 먼저 선, 受 받을 수, 金,)은 말 그대로 거래 완료 전에 대금
의 일부 또는 전부를 먼저 받는 것을 의미합니다. 다시 말해, 거래처로부
터 주문받은 상품이나 제품을 인도하거나 공사를 완성하기 이전에 그 대가
의 일부 또는 전부를 수취한 금액이며, 거래를 완료해야 하는 의무가 남아
있으므로 부채에 해당합니다. 실무에서는 기업의 주된 상거래가 아닌 유형
자산 등의 매각과 관련하여 발생하는 계약금이나 중도금도 대개는 선수금
으로 처리하고 있습니다.

ㅇ 2월 1일 상품매매계약(500원) 후, 100원을 미리 받았을 경우 :

(차변) 현　금 100　　　(대변) 선수금 100

ㅇ 2월 9일 상품 인도와 동시에 잔액 400원 수령 시 :

(차변) 현　금 400　　　(대변) 매　출 500
　　　　선수금 100

그렇지만 <계속적인 용역 제공 거래>에서 아직 제공되지 않은 용역의
대가를 미리 받는 선수수익(선수이자, 선수보험료, 선수임대료 등)과는 구
별되는 개념이므로 주의하여야 합니다. 물론 둘 다 부채 계정이긴 하나,
선수수익은 기말에 기간 경과분만큼 결산정리분개를 통해 비용으로 대체하
여야 합니다.

ㅇ 5월 1일 사무실을 임대하고, 1년치 임대료 600,000원을 현금 수령

(차변) 현　금 600,000　　　(대변) 임대료 600,000

ㅇ 12월 31일 결산정리분개 (차기 연도에 해당하는 4개월치) :

(차변) 임대료 200,000　　　(대변) 선수임대료 200,000

ㅇ 다음 해 1월 1일 역분개 :

(차변) 선수임대료 200,000   (대변) 임대료 200,000

예수금(豫 미리 예, 受 받을 수, 金)은 아직 지출 기일이 도래하지는 않았으나 특정된 용도로 지출되어야 하는 자금을 임직원, 고객 등으로부터 <미리 받아 지출 기일까지 임시로 보관하는 경우>에 사용하는 임시계정으로 부채계정입니다. 예수금은 그 내용에 따라 종업원예수금, 임원예수금, 보험료예수금 등으로 세분하기도 합니다.

예수금의 예로 쉽게 들 수 있는 것은 종업원에게 급여를 지급하면서 종업원의 세금을 원천징수하여 납부기일까지 예수금으로 보관하였다가 납부기일에 대납하는 경우입니다.

ㅇ 5월 25일 급여 120만원 지급 시 소득세 20만원을 원천징수한 경우 :

(차변) 급   여 1,200,000   (대변) 현   금 1,000,000
                                        예수금   200,000

ㅇ 6월 10일 세금 대납 시 :

(차변) 예수금 200,000   (대변) 현   금 200,000

제 14 장

임차료와 임대료?

질문 14 : 임차료와 임대료가 늘 헷갈리는데 쉽게 기억하는 방법은 없나요?

우리나라의 경우, 용어의 문제는 대개 한자어를 분명히 익혀 두면 어렵지 않게 숙지할 수 있습니다. 임차료와 임대료도 마찬가지입니다. 가운데 글자만 차이가 나므로 두 글자의 차이만 분명히 익혀 두면 헷갈리지 않을 것입니다.

○ 임**차**료(賃 품삯 임, **借 빌릴 차**, 料 헤아릴 료(요)) :
　　물건 **빌려 쓰는** 대가. 건물, 토지 등의 부동산이나 기계, 운반구 등의 동산을 소유주로부터 **임차하고(빌리고)** 주는 사용료(비용).

○ 임**대**료(賃 품삯 임, **貸 빌려줄 대**, 料 헤아릴 료(요)) :
　　빌려주고 받는 대가. 건물, 토지 등의 부동산이나 기계, 운반구 등의 동산을 사용자에게 **임대하고(빌려주고)** 받는 사용료(수익).

시중에 나도는 옥편(玉篇)이나 한자사전에는 차(借)를 <빌리다>, <꾸어주다> 등으로, 대(貸)를 <빌리다>, <주다> 등으로 나와 있어 헷갈리기 쉬운데, 좋은 옥편이나 인터넷에서 한자의 유래까지 살펴보면 <빌려올 차>와 <빌려줄 대>가 가장 일반적인 의미임을 알 수 있습니다.

결국, 무언가를 빌려주고(임대하고) 받는 사용료인 임대료는 수익 계정이고, 무언가를 빌리고(임차하고) 주는 사용료는 비용 계정인 것입니다. 실무에서는 둘을 확실히 구분하기 위해 임대료를 【임대료 수익】이라는 계정과목으로 사용하는 경우도 많습니다.

○ 5월 31일 당월분 임차료 500,000원을 현금으로 지급 :

　　(차변) 임차료 500,000　　　　(대변) 현　금 500,000

○ 10월 1일 1년치 선불 임대료 240,000원을 현금으로 수령 :

　　(차변) 현　금 240,000　　　　(대변) 임대료수익 240,000

ㅇ 12월 31일 선불 임대료에 대한 결산정리분개 실시 :

(차변) 임대료수익 180,000   (대변) 선수임대료 180,000[1]

[1]. 차기 임대료(미경과분) : 12개월분×(미경과월수/12) =
24만원×9/12 = 18만원

제 15 장

이자율의 종류?

질문 15 : 교재에 자주 나오는 표시이자율과 시장이자율과 유효이자율의 의미는 어떻게 다른가요?

위 세 개념은 유가증권 중 채무상품인 사채(社債, corporate bond)를 예로 들어 설명하면 이해가 쉽습니다.

* 사채(社債, corporate bond) : 주식회사가 일반 대중에게 자금을 모집하려고 집단적・대량적으로 발행하는 채권. 회사채(會社債)라고도 하는데, 균일한 금액으로 분할된 유통증권이 발행되는데, 이 증권만 보유하면 누구라도 권리행사를 할 수 있도록 법적인 제도가 마련되어 있어서 주식과 더불어 증권시장에서 활발히 매매됨.

* 사채(私債) : 개인이 사사롭게 빌린 돈으로 은행이나 금융기관이 아닌 개인이나 대부업체로부터 빌린 사설 채무.

우선, <표시이자율>(coupon rate)은 액면이자율이라고도 하고, 가끔씩은 표면이자율 또는 권면이자율이라고도 하는데, 사채를 발행할 때 사채 표면(액면)에 기록되는 이자율을 말합니다.

<시장이자율>(market interest rate)은 말 그대로 금융시장에서 통용되는 이자율로서 대부자금의 수요와 공급에 의해 변동되는 이자율입니다.

한편, <유효이자율>(effective interest rate)은 거래세, 인쇄비, 거래수수료 등과 같은 거래비용이 발생할 때 그러한 비용을 고려하여 적용되는 수정된 시장이자율인데, 만일 거래비용이 발생하지 않는다면 유효이자율은 시장이자율과 같게 됩니다.

어떤 기업이 다음과 같이 2020년 1월 1일에 사채를 발행하고 대금을 현금으로 받았다고 가정해 보겠습니다.

ㅇ 액면금액 : 100,000원	ㅇ 액면이자율 : 연 10%
ㅇ 발행금액 : 97,556원	ㅇ 시장이자율 : 연 11%
ㅇ 상환기간 : 3년	
ㅇ 이자지급일 : 매년 12월 31일	

위의 경우, 발행일의 거래는 다음과 같이 분개되어 기록되며, 사채발행비가 없는 경우이므로 사채할인발행차금의 상각에 적용되는 유효이자율은 곧 시장이자율이 됩니다.

1. <2020년 1월 1일>

(차변) 현   금   97,556   (대변) 사   채 100,000
       사채할인발행차금   2,444

* 사채할인발행차금 : 액면금액 - 발행금액 = 100,000 - 97,556 = 2,444
* 사채의 장부가액 : 액면금액 - 사채할인발행차금 = 100,000 - 2,444 = 97,556

2. <2020년 12월 31일>

(차변) 이자비용   10,731   (대변) 현   금   10,000
                                  사채할인발행차금   731

* 이자비용 : 사채의 직전 장부가액 × 유효이자율 = 97,556 × 11% = 10,731
* 현금지급이자 : 사채의 액면금액 × 액면이자율 = 100,000 × 10% = 10,000
* 사채할인발행차금 상각액 : 이자비용 - 현금지급이자 = 10,731 - 10,000 = 731

3. <2021년 12월 31일>

(차변) 이자비용   10,812   (대변) 현   금   10,000
                                  사채할인발행차금   812

* 이자비용 : 사채의 직전 장부가액 × 유효이자율 = (97,556+731) × 11% = 10,812
* 현금지급이자 : 사채의 액면금액 × 액면이자율 = 100,000 × 10% = 10,000
* 사채할인발행차금 상각액 : 이자비용 - 현금지급이자 = 10,812 - 10,000 = 812

4. <2022년 12월 31일>

(차변) 사   채 100,000   (대변) 현   금   110,000[1]
       이자비용   10,901   사채할인발행차금   901

* 이자비용 : 사채의 직전 장부가액[2] × 유효이자율 = 99,099 × 11% = 10,901
* 현금지급이자 : 사채의 액면금액 × 액면이자율 = 100,000 × 10% = 10,000
* 사채할인발행차금 상각액 : 이자비용 - 현금지급이자 = 10,901 - 10,000 = 901

[1]. 사채 원금 + 현금지급이자 = 100,000 + 10,000 = 110,000
[2]. 사채의 직전 장부가액 = 97,556+731+812 = 99099

만일, 사채발행비(인쇄비 등의 비용) 8,972원이 발생하여 현금으로 지급하였고, 사채발행비를 반영한 유효이자율이 연 15%라고 한다면, 발행일과 1년 뒤 이자지급일의 거래는 다음과 같이 기록되어야 합니다.

1. <2020년 1월 1일>

(차변) 현　　　금　　　97,556　　　(대변) 사　　　채　100,000
　　　　사채할인발행차금　11,416　　　　　　　현　　　금　　8,972

* 사채할인발행차금 : 액면금액 - (발행금액 - 사채발행비) = 100,000 - (97,556 - 8,972)
　　　　　　　　　　　　　　　　　　　　　　　　= 100,000 - 88,584 = 11,416
* 사채의 장부가액 : 액면금액 - 사채할인발행차금 = 100,000 - 11,416 = 88,584

2. <2020년 12월 31일>

(차변) 이자비용　13,287　　　(대변) 현　　　금　　　　10,000
　　　　　　　　　　　　　　　　　　사채할인발행차금　3,287

* 이자비용 : 사채의 직전 장부가액 × 유효이자율 = 88,584 × 15% = 13,287
* 현금지급이자 : 사채의 액면금액 × 액면이자율 = 100,000 × 10% = 10,000
* 사채할인발행차금 상각액 : 이자비용 - 현금지급이자 = 13,287 - 10,000 = 3,287

3. <2021년 12월 31일>

(차변) 이자비용　13,781　　　(대변) 현　　　금　　　　10,000
　　　　　　　　　　　　　　　　　　사채할인발행차금　3,781

* 이자비용 : 사채의 직전 장부가액 × 유효이자율 = (88,584+3,287) × 15% = 13,781
* 현금지급이자 : 사채의 액면금액 × 액면이자율 = 100,000 × 10% = 10,000
* 사채할인발행차금 상각액 : 이자비용 - 현금지급이자 = 13,781 - 10,000 = 3,781

4. <2022년 12월 31일>

(차변) 사　　　채　100,000　　　(대변) 현　　　금　　　110,000
　　　　이자비용　14,348　　　　　　　사채할인발행차금　4,348

* 이자비용 : 사채의 직전 장부가액[3] × 유효이자율 = 95,652 × 15% = 14,348
* 현금지급이자 : 사채의 액면금액 × 액면이자율 = 100,000 × 10% = 10,000
* 사채할인발행차금 상각액 : 이자비용 - 현금지급이자 = 14,348 - 10,000 = 4,348

　　　[3]. 사채의 직전 장부가액 = 88,584+3,287+3,781 = 95,652

결국, 사채할인발행차금은 이자비용으로 매년 상각되어 마지막 해 연말에는 결국 사라지게 되고, 반면 사채 장부가액은 해마다 그만큼 증가되어 마지막 해 연말에는 액면가액과 일치하게 되며, 그 금액이 마지막 해 이자와 함께 최종 상환되어 <사채>라는 부채도 사라지게 되는 것입니다.

아무튼 <유효이자율>을 설명하다 보니 사채할인발행차금까지 언급하게 되었는데, 초보자에겐 다소 어려운 내용이므로 개념만 이해하고 넘어가시기 바랍니다. 나중에 <사채>를 공부할 때 충분히 학습할 수 있기 때문입니다.

제 16 장

자본과 자본금?

질문 16 : 자본과 자본금은 같은 의미인가요? 다르면 어떻게 다른가요?

자본은 기업 형태에 따라 다르게 분류됩니다. 개인기업에서는 자본금, 조합기업·합명회사·합자회사·유한회사에서는 출자금, 주식회사에서는 발생원천에 따라 자본금·자본잉여금·자본조정·이익잉여금·기타포괄손익누계액으로 구분할 수 있습니다.

따라서 개인기업에서만【자본=자본금】등식이 성립할 수 있고, 주식회사의 경우 자본금은 자본의 일부이므로【자본>자본금】부등식으로 표시할 수 있습니다. 주식회사의 자본의 분류체계를 그림으로 나타내보면 다음과 같습니다.

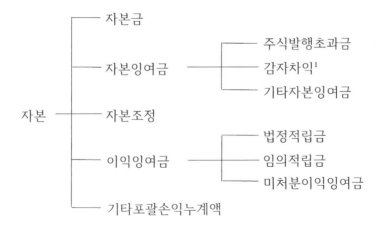

¹. 감자차익 : 회사가 자기주식을 매입해 소각하는 경우, 액면금액보다 낮은 가격으로 매입하면 그 차이만큼 감자차익(자본잉여금) 발생.

개인기업에서는 기업주가 제공한 사업밑천이 자본금이지만, 주식회사의 경우는 법률에 의해 발행된 주식의 액면총액이 자본금(capital stock)인데, 발행주식총수에 주당 액면금액을 곱한 금액이며, 보통주식자본금과 우선주식자본금으로 나뉘어 집니다.

자본금 = 1주당 액면가액 × 발행주식수 = 보통주식자본금 + 우선주식자본금

자본금과 자본잉여금과 자본조정은 <자본거래>에 의해 자본이 증감된 경우이고, 이익잉여금은 <손익거래>에 의해 조달된 부분으로 이익 가운데 회사 밖으로 유출되지 않고 사내에 유보된 유보이익입니다. 그리고 기타포괄손익누계액은 <포괄손익계산서>의 미실현손익인 기타포괄손익이 손익이 실제로 실현될 때까지 <재무상태표>에 임시로 대체된 계정입니다.

주식발행초과금은 【(발행가액-액면가액)>0】 경우, 즉 할증발행 시에 발생하며, 발행가액에서 액면가액(자본금)을 차감한 금액입니다. 반대의 경우, 즉 할인발행 시에는 자본의 차감 계정인 주식할인발행차금(자본조정)이 발생하여 자본을 감소시킵니다. 결국, 투자자가 납입하는 납입자본(paid-in capital)은 다음과 같이 표시할 수 있습니다.

> **납입자본 = 자본금 + 주식발행초과금 - 주식할인발행차금**(자본조정)

자본조정은 자본거래에 해당하지만 최종 납입된 자본으로 볼 수 없거나 그 특성상 자본에 가감할 성격으로 자본금이나 자본잉여금으로 분류할 수 없는 항목이며, 자기주식, 자기주식처분손실, 감자차손, 미교부주식배당금, 주식할인발행차금, 주식매수선택권, 신주청약증거금 등을 예로 들 수 있습니다.

한편, 기타포괄손익누계액은 당기 말까지 누적된 기타포괄손익인데, 기타포괄손익은 당기손익으로 인식하지 않은 수익과 비용 항목, 즉 미실현손익 항목으로 재평가잉여금, 해외사업장환산손익, 기타포괄손익-공정가치측정금융자산평가손익 등을 예로 들 수 있습니다.

자본에 관한 지식 역시 회계를 본격적으로 공부할 경우 별도의 장에서 자세히 공부하게 될 것이므로 본 장에서는 전체적인 얼개만 파악하여도 충분할 것이라 생각됩니다.

제 17 장

자산재평가?

질문 17 : 건물이나 토지와 같이 자산의 가치가 1년 이내에도 큰 폭으로 변동하는 경우, 그 변동 내역을 재무제표에 반영하여야 보다 신뢰성 있고 쓸모있는 기업가치 정보를 이해관계자들에게 제공할 수 있을 것입니다. 변동된 자산가치를 재무제표에 반영하는 방법은 무엇인가요?

　사용 중인 건물이나 토지 같은 유형자산의 가치를 측정하는 방법에는 두 가지(원가모형과 재평가모형)가 있습니다. 기업은 유형자산 분류별로 둘 중 하나를 회계정책으로 선택하여 동일하게 적용하여야 합니다.

　원가모형은 감가상각과 손상검사를 통해 유형자산의 가치를 감소시키는 방법입니다. 반면, 재평가모형은 유형자산의 공정가치를 신뢰성 있게 재측정할 수 있는 유형자산에 적용하며, 재평가 직전의 장부금액과 재평가로 측정된 공정가치를 비교하여 <재평가잉여금> 또는 <자산재평가손실>을 반영해 줍니다. 이때 주의할 것은 재평가일까지 누적된 감가상각누계액과 손상차손누계액을 제거하는 분개도 동시에 실시해야 한다는 것입니다.

　자산의 장부금액이 재평가로 인하여 증가된 경우에 그 증가액은 기타포괄이익으로 인식하고 <재평가잉여금>의 과목으로 자본에 가산합니다. 그러나 동일한 자산에 대하여 이전에 당기손실로 인식한 재평가감소액이 있다면 그 금액을 한도로 재평가증가액만큼 당기이익으로 인식합니다.

　자산의 장부금액이 재평가로 인하여 감소된 경우에 그 감소액은 <당기손실>로 인식합니다. 그러나 그 자산에 대한 재평가잉여금의 잔액이 있다면 그 금액을 한도로 재평가감소액을 기타포괄손실로 인식합니다. 재평가감소액을 기타포괄손실로 인식하는 경우 재평가잉여금의 과목으로 자본에 누계한 금액을 감소시킵니다.

　만일, A주식회사에서 2019년 1월 1일 KK기계장치를 ₩25,000,000에 구입하였고, 매년 감가상각과 손상검사를 실시해 왔는데, 2021년 말 자산재평가 결과 KK기계장치의 공정가치가 ₩30,000,000이었다면 재평가일의 거래는 다음과 같이 기록됩니다. (재평가일의 감가상각누계액은 ₩7,500,000,

손상차손누계액은 ₩0)

    (차변) 감가상각누계액 7,500,000   (대변) KK기계장치   7,500,000
           KK기계장치 12,500,000   재평가잉여금 12,500,000[1]
     [1]. ₩30,000,000 - (₩25,000,000 - ₩7,500,000) = ₩12,500,000

반대로, 2021년 말 자산재평가 결과 공정가치가 ₩15,000,000으로 하락한 경우에는 그 손실을 <자산재평가손실>로 반영해 주면 됩니다.

    (차변) 감가상각누계액 7,500,000   (대변) KK기계장치 7,500,000
           자산재평가손실 2,500,000[2]   KK기계장치 2,500,000
     [2]. ₩15,000,000 - (₩25,000,000 - ₩7,500,000) = - ₩2,500,000

한편, 무형자산도 유형자산과 마찬가지로 원가모형과 재평가모형 중 하나를 선택하여 사용 중인 자산의 가치를 측정할 수 있으나, 재평가 목적상 공정가치는 활성시장[3]을 기초로 하여 결정하게 되어 있으므로 결국 활성시장이 있는 자산에 대해서만 재평가모형을 선택할 수 있게 됩니다. 구체적인 회계처리 방법은 유형자산의 경우와 동일합니다.

    [3]. 활성시장 : 지속적으로 가격결정 정보를 제공하기에 충분할 정도의
              빈도와 규모로 자산이나 부채를 거래하는 시장.

제 18 장

감가상각 제외 자산?

**질문 18 : 세월이 흐를수록 가치가 감소하기는커녕 오히려 값이 더
오르기만 하는 토지에도 감가상각을 하나요?**

유형자산 중 <토지>와 <건설중인자산>은 감가상각을 하지 않습니다. 감가상각(depreciation)이란 자산의 감가상각대상금액을 그 자산의 '내용연수'(사용기간) 동안 체계적으로 배분하는 것을 의미하고, '내용연수'는 대상 자산이 사용가능한 때부터 시작하는데, <건설중인자산>은 자산화되어 가는 중이지만 아직 사용 단계에 이르지 못한 미완성 상태이기 때문에 '내용연수'가 시작되지 않았고, <토지>는 '내용연수'를 정할 수 없는 자산이므로 감가상각대상 자산이 아닙니다.

한편, 무형자산 중에서도 <내용연수가 비한정인 경우>는 상각하지 않습니다. 비한정(indefinite)의 의미는 내용연수가 무한(infinite)하다는 것이 아니라, 내용연수를 추정하기 위해 모든 방법을 동원하여도 내용연수를 합리적으로 예측할 수 없다는 것입니다.

예를 들어, 인수·합병 과정에서 발생한 <영업권>이나 기업이 보유한 <상표권>은 내용연수를 쉽게 예측할 수 없는 경우가 많은데, 이런 경우 회계기준에 따라 상각은 하지 않지만, 적어도 매 회계연도 말에 손상검사를 해야 합니다.

손상검사는 자산의 이용이나 처분을 통해 회수할 수 있는 금액이 실제로 얼마인지 평가하는 것을 말합니다. 만일 회수가능액이 장부금액보다 작다면, 그 차액은 손상차손(기타비용)으로 회계처리 하여야 합니다.

제 19 장

자본적 지출과 수익적 지출?

질문 19 : 수리나 기능개선, 증축, 개조 등으로 인하여 사용 중인 건물과 같은 유형자산에 추가 지출이 발생할 때, 어떤 경우에는 <자산>으로, 또 어떤 경우에는 <비용>으로 처리해야 한다는데, 그 이유가 무엇인가요?

유형자산은 사용·유지 과정에서 추가 지출(후속원가)이 발생할 수 있는데, 이를 자산으로 처리할 것인지 또는 비용으로 처리할 것인지의 문제가 발생합니다. 자산으로 처리하는 것을 <자본적 지출>(또는 자산적 지출)이라 하고, 비용으로 처리하는 것을 <수익적 지출>(또는 비용적 지출)이라고 합니다.

유형자산의 가치를 증가시키고 내용연수(사용기간)를 증가시켜 지출의 영향이 미래에까지 미치는 지출은 <자본적 지출>이고, 단순히 자산의 가치를 보전하는 데 그치는 지출, 즉 지출의 영향이 당기에 끝나는 지출은 <수익적 지출>입니다.

<자본적 지출>일 경우 자산의 증가가 나타나지만, <수익적 지출>은 비용의 증가가 나타나 순이익이 감소합니다. 결국, 자본적 지출로 처리하면 상대적으로 이익이 높아지게 되고, 수익적 지출로 처리하면 상대적으로 이익이 낮아지게 됩니다.

따라서, 추가 지출을 어떻게 처리하느냐에 따라 자산평가와 이익측정에 정반대의 영향을 미치므로 이 문제는 매우 중요합니다.

한국채택국제회계기준에 따르면, 일상적인 수선·유지 관련 지출은 발생시점의 비용으로 인식(수익적 지출)하고, 주요 부품이나 구성요소의 정기적 교체, 자산의 일부 대체 등의 경우에 발생하는 지출이 유형자산 인식기준을 충족하는 경우에는 자본적 지출로 처리하여 자산의 장부금액을 증가시켜야 합니다.

일반적으로 다음의 경우에는 자본적 지출로 처리하면 됩니다.

① 자산을 증가·추가시키는 지출
② 자산의 생산력을 높이는 지출(개량·대체)
③ 재배치·용도변경으로 자산의 이용가치를 증가시키는 지출
④ 내용연수(사용기간)를 연장시키는 지출
⑤ 기타 일정금액 이상의 지출로서 자산성이 있다고 판단되는 경우

수익적 지출로 처리하는 경우는 대개 다음과 같습니다.

① 일상적으로 발생하는 비용의 지출(수선유지비)
② 지출의 효과가 당기 내에 소멸하는 지출
③ 현재의 자산 상태나 기능을 유지하기 위한 지출
④ 자산의 본래 기능을 발휘시키는 데 필요한 지출
⑤ 기타 일정금액 미만의 지출로서 비용성이 있다고 판단되는 경우

예를 들어, 다음과 같은 추가 지출이 발생하였다고 가정하고 거래를 분개장에 기록해 보도록 하겠습니다.

---

1. 노후 건물 리모델링 공사 내역 및 원가
   - 엘리베이터와 냉·난방장치 시설 : ₩15,000,000
   - 외벽도장과 외부유리닦기 : ₩3,000,000

2. 기계장치 부분품 교체 : ₩4,600,000
   - 새 부분품으로 기계장치 작업능률이 크게 향상됨.

3. 기계장치 부분품 대체 : ₩3,000,000
   - 부분품 마모로 2년마다 정기적으로 부분품 대체

4. 건물 내부 파티션 설치 : ₩900,000
   - 회사방침 : ₩1,000,000 이하는 수익적 지출로 처리

   ※ 위 모든 지출은 현금으로 지급됨.

---

1. (차변) 건   물 15,000,000   (대변) 현 금 18,000,000
          수 선 비 3,000,000

2. (차변) 기계장치 4,600,000   (대변) 현 금 4,600,000
3. (차변) 수 선 비 3,000,000   (대변) 현 금 3,000,000
4. (차변) 수 선 비   900,000   (대변) 현 금   900,000

제 20 장

신용카드 사용 시 회계처리?

질문 20 : 요즘은 현금보다 신용카드로 결제하는 경우가 더 많습니다. 이미 거래가 발생했는데도 통장잔고는 그대로이고, 1개월에 한 번만 카드 회사로 결제되는 방식인데, 이런 경우에는 어떻게 회계처리 하나요? 또 상품권을 샀을 때와 그 상품권을 사용하여 사무실에서 사용할 공기구비품을 구매했을 때 회계처리는 각각 어떻게 되나요?

회계에서 <신용>이라는 말은 외상거래와 관련이 있습니다. 그래서 신용카드로 결제하는 거래를 <신용거래>, 즉 외상거래라고 합니다.

만일, 1월 15일에 직원들과 함께 식당에 들려 식사를 하고 대금 40,000원을 X신용카드(법인)로 결제하였다면, 외상거래가 되고, 매월 한번 정기적으로 신용카드대금을 납부하는 익월 5일에 외상대금을 갚게 되는 것입니다.

일자별 분개를 통해 살펴보면 더욱 분명히 확인할 수 있습니다. 물론, 익월 5일의 납부는 식당으로 하는 것이 아니라, X신용카드사로 하는 것입니다. 왜냐하면, X신용카드사가 이미 식사대금을 해당 식당에 대납하였기 때문입니다.

   ㅇ 1/15 (차변) 복리후생비 40,000   (대변) 미지급비용(X카드) 40,000
   ㅇ 2/5 (차변) 미지급비용(X카드) 40,000 (대변) 현   금   40,000

현금으로 납부하지 않고 통장에서 자동이체되는 방식으로 납부하였다면 2월 5일 분개에서 대변 계정은 <보통예금>이 되어야 합니다.

한편, 신용카드가 아닌 체크카드의 경우에는 회계처리 방법이 조금 다릅니다. 왜냐하면, 체크카드는 사용하는 그 순간에 통장잔고에서 즉시 이체되기 때문에 현금과 같다고 볼 수 있기 때문입니다. 앞의 거래에서 만일 체크카드를 사용하였다면 다음과 같이 기록하여야 합니다.

   ㅇ 1/15 (차변) 복리후생비 40,000   (대변) 보통예금 40,000

만일, 상품이나 제품을 100만원 구매하고 대금을 X신용카드(법인)로 결제하였다면 매입채무 계정을 사용하여야 합니다. (카드대금 결제일은 매월 5일이고 X은행계좌에서 자동이체)

- 1/15 (차변) 매입 1,000,000   (대변) 매입채무(X카드) 1,000,000
- 2/5 (차변) 매입채무(X카드) 1,000,000   (대변) 보 통 예 금 1,000,000

또, 토지나 건물과 같은 유형자산을 신용카드로 900백만원에 취득한 경우라면 미지급금 계정을 사용하여 다음과 같이 분개하여야 합니다.

- 1/15 (차변) 건물 9,000,000   (대변) 미지급금(X카드) 9,000,000
- 2/5 (차변) 미지급금(X카드) 9,000,000   (대변) 보통예금   9,000,000

최근에 사용량이 증가하고 있는 휴대폰 소액결제는 신용카드로 결제하는 경우와 동일하다고 보면 됩니다. 왜냐하면, 실제 소액결제일과 휴대폰 요금 납부일이 다르기 때문입니다.

예를 들어, 시내출장을 다녀오면서 왕복 시내버스비 3,000원을 휴대폰으로 결제하였고, 휴대폰 요금을 매월 말일 계좌자동이체로 납부하는 경우라면 다음과 같이 기록됩니다.

- 1/15 (차변) 여비교통비 3,000   (대변) 미지급비용(휴대폰) 3,000
- 1/31 (차변) 미지급비용(휴대폰) 3,000   (대변) 보 통 예 금 3,000

다른 한편, 기업에서 상품권을 구매하여 사용하는 경우는 드물지만, 구매한 상품권과 현금으로 공기구비품(업무용 냉장고)을 구매하는 경우를 가정해 보겠습니다. 상품권은 일종의 유가증권이기 때문에 금융상품의 구매와 사용이라고 볼 수 있습니다.

- 1/25 (차변) 상 품 권 1,000,000   (대변) 보통예금 1,000,000
- 2/19 (차변) 냉 장 고 2,400,000   (대변) 상 품 권 1,000,000
                                       현   금 1,400,000

위 상품권을 직원들에게 설 명절 선물로 나눠 준 경우에는 <급여> 계정으로 기록하여야 합니다.

ㅇ 2/11 (차변) 급　여 1,000,000　　　　(대변) 상 품 권 1,000,000

물론, 상품권을 거래처에 건네주기도 합니다. 그런 경우에는 <접대비> 계정으로 기록하여야 적절합니다.

ㅇ 2/11 (차변) 접대비 1,000,000　　　　(대변) 상 품 권 1,000,000

유통기업의 경우 자사 상품권을 발행하여 판매하는 경우가 종종 있습니다. 이 경우, 상품권 판매자 입장에서 거래를 기록해 보면 다음과 같습니다.

ㅇ 상품권 판매시 (차변) 현　금 100,000　　　(대변) 선수금 100,000
ㅇ 상품권 사용시 (차변) 선수금 100,000　　　(대변) 매　출 140,000
　　　　　　　　　　　　현　금　40,000

제 21 장

어음의 발행과 수령 시
계정과목?

질문 21 : <지급어음> 계정을 사용하다가 어떤 경우에는 <매입채무>로
기록하기도 하고, 어떤 경우에는 <미지급금> 계정으로 사용하는
등 혼란스럽습니다. <받을어음>의 경우도 마찬가지입니다.
유사계정 각각의 정확한 용법을 알고 싶습니다.

크게 거래의 성격이 【일반적 상거래】인가의 여부에 따라, 일반적 상거래
이면 <지급어음>, <받을어음>, <외상매입금>, <외상매출금>, <매입채무>,
<매출채권> 계정이 사용되고, 일반적 상거래가 아니면, 즉 재화와 용역의
수수가 아닌 영업용 유·무형자산의 거래라면 <미지급금>, <미수금> 계정
만 사용됩니다.

좀 더 구체적으로 살펴보겠습니다. 만일 10만원의 원재료를 구입하고 현
금이 없어 6개월 만기 약속어음을 발행해서 거래처에 건네주었다면, 다음
과 같이 두 가지 방법으로 분개가 가능합니다.

ㅇ 2/18 (차변) 원재료 100,000   (대변) 지급어음 100,000 또는
         (차변) 원재료 100,000   (대변) 매입채무 100,000

위에서 말하는 지급어음은 일반적인 상거래에서 발생하는 어음상의 채무
로서 상품이나 원재료의 매입대금에 대해 약속어음을 발행하거나 타인발행
의 환어음을 인수한 경우에 발생하는 채무를 말합니다.

위 거래에서 만일 약속어음을 발행하지 않고, 3개월 뒤에 현금으로 지급
하기로 하는 <외상거래>를 했다면, 이 역시 다음과 같이 두 가지 방법으로
분개가 가능합니다.

ㅇ 2/18 (차변) 원재료 100,000   (대변) 외상매입금 100,000 또는
         (차변) 원재료 100,000   (대변) 매 입 채 무 100,000

이상의 거래를 종합하여 표를 만들어 보면, 다음과 같이 정리할 수 있습
니다.

매입채무	지급어음	상품 또는 원재료 구입 후 약속어음 발행 또는 타인발행 환어음 인수
	외상매입금	상품 또는 원재료를 외상으로 구입

반대로, 10만원의 상품을 판매했는데, 상대방으로부터 6개월 만기 약속어음을 받았다면, 다음과 같이 두 가지 방법으로 분개가 가능합니다.

○ 2/18 (차변) 받을어음 100,000   (대변) 매출 100,000 또는
　　　(차변) 매출채권 100,000   (대변) 매출 100,000

위에서 말하는 받을어음은 일반적인 상거래에서 발생하는 어음상의 채권으로서 상품이나 제품이나 용역을 제공한 대가를 거래처가 발행한 약속어음으로 받거나 환어음을 인수제시하여 인수받은 경우에 발생하는 채권을 말합니다.

위 거래에서 만일 약속어음을 받지 않고, 3개월 뒤에 거래처로부터 현금으로 받기로 하는 <외상거래>를 했다면, 이 역시 다음과 같이 두 가지 방법으로 분개가 가능합니다.

○ 2/18 (차변) 외상매출금 100,000   (대변) 매출 100,000 또는
　　　(차변) 매 출 채 권 100,000   (대변) 매출 100,000

이상의 거래를 종합하여 표를 만들어 보면, 다음과 같이 정리할 수 있습니다.

매출채권	받을어음	상품, 제품, 용역 제공 후 대금을 약속어음으로 수령 또는 환어음 인수제시하여 인수 받음
	외상매출금	상품, 제품, 용역을 외상으로 판매

하지만, 영업용 유·무형자산을 구매하면서 약속어음을 발행해서 제공했

다면, 일반적 상거래가 아니므로 <미지급금> 계정을 사용해야 합니다. 물론 <외상구매>일 때도 마찬가지로 <미지급금> 계정을 사용하여야 합니다.

    ㅇ 2/18 (차변) 차량운반구 30,000,000   (대변) 미지급금 30,000,000

반대의 거래, 즉 사용 중이던 영업용 유·무형자산을 처분할 때도 당장 대금을 받지 못하고 3개월 만기 약속어음을 수령했다면, 이 역시 일반적 상거래가 아니므로 <미수금> 계정으로 처리해야 합니다. 물론 외상으로 처분할 때도 마찬가지로 <미수금> 계정을 사용하여야 합니다.

    ㅇ 5/18 (차변) 감가상각누계액 21,000,000 (대변) 차량운반구   30,000,000
                    미 수 금 10,000,000   유형자산처분이익 1,000,000

미수금 계정은 일반적 상거래가 아닌 거래에서 발생한다는 사실을 꼭 기억하시기 바랍니다. 유·무형자산의 거래 뿐 아니라 대여금 같은 금융상품의 경우 약정된 상환기일이 지났는데도 상환되지 않으면 <미수금> 계정으로 처리할 수 있습니다.

결국, 중요한 포인트는 <지급어음>과 <받을어음> 계정은 일반적 상거래에서만 사용 가능하며, 그 외의 거래에서는 어음을 발행하거나 인수하거나 수령하거나 인수제시하여 인수받아도 <미지급금>과 <미수금> 계정으로 기록하여야 한다는 사실입니다.

제 22 장

회계기준?

질문 22 : 회계를 공부하다 보면 <회계기준>이라는 표현이 많이 등장하는데, 그 종류도 많아 보이고 헷갈립니다. <회계기준>은 무엇이고, 어떤 종류가 있으며, 어떻게 활용되나요?

회계기준(accounting standards)이란 기업이나 단체가 회계정보를 산출하는 과정에서 따라야 할 기준입니다. 물론, 회계사들이 감사업무를 수행할 때 회계정보의 적정성 여부를 판단하는 근거도 <회계기준>입니다. 각종 이해관계자들 역시 <회계기준>에 관한 지식을 습득하고 있다면, 제공받은 회계정보를 보다 더 잘 이해할 수 있을 것입니다.

우리나라의 현행 회계기준 체계는 한국채택국제회계기준(K-IFRS), 일반기업회계기준, 중소기업회계기준, 특수분야회계기준, 그리고 비영리조직회계기준으로 구성되어 있습니다.

<회계기준 체계>

회계기준	적용대상	외부감사	관련법령
한국채택국제회계기준	주권상장법인 및 금융회사	의무	주식회사 등의 외부감사에 관한 법률
일반기업회계기준	외부감사대상 주식회사		
중소기업회계기준	외부감사대상 이외의 주식회사	면제	상법
특수분야회계기준	결합재무제표 작성기업, 기업구조조정투자회사 등을 위한 기준서		
비영리조직회계기준	비영리조직의 회계투명성 제고를 위해 제정		

이상과 같이 회계기준이 기업 규모나 단체의 성격에 따라 다른 것은 기업이나 단체마다 이해관계가 조금씩 다르고, 또 소규모 기업에게 대기업 수준으로 엄격하고 세밀한 회계정보를 요구한다면, 회계정보 산출 비용이 회계정보의 활용 효익보다 더 커질 수 있고, 심지어 회계정보 산출비용 때문에 흑자가 될 수 있는 기업이 적자가 될 수도 있기 때문입니다.

아무리 절감 노력을 해도 회계정보 산출에는 반드시 비용이 수반되는데, 이익을 추구하는 기업 입장에서는 회계정보의 제공으로 인한 효익이 최소한 그 비용보다는 커야 합니다.

그래서 회계정보의 제공 및 이용에 소요되는 합리적인 비용을 '회계정보의 제약요인'이라고 합니다. 사실, 【비용<효익】 부등식은 경제활동에서의 기본 상식인데, 이런 상식이 회계정보 산출에도 그대로 적용된다고 보면 됩니다.

한국채택국제회계기준은 한국회계기준원이 국제회계기준원(IASB)에서 제정한 국제회계기준(IFRS)에서 국내에 적용할 내용들을 정리하여 발표한 것으로, 2011년부터 국내 주권상장법인에게 의무적으로 적용하도록 하였습니다. 물론, 주권상장법인이 아니더라도 기업의 필요에 따라 '일반기업회계기준' 대신 '한국채택국제회계기준' 적용을 선택할 수도 있었습니다.

주식회사의 외부감사에 관한 법률의 적용대상기업 중 '한국채택국제회계기준'을 적용하지 아니하는 기업은 기존처럼 계속 일반기업회계기준을 적용해야 합니다. 그리고 주식회사의 외부감사에 관한 법률의 적용대상이 아닌 기업들은 주로 '중소기업회계기준'을 적용하여야 합니다.

그 외 관계 법령 등의 요구사항이나 우리나라에 고유한 거래나 기업환경 등의 차이를 반영한 '특수분야회계기준'을 적용해야 하는 기업이 있고, 그 동안 복식부기가 의무화되지 않았던 비영리조직들도 이제는 회계투명성 제고를 위해 '비영리조직회계기준'에 따라 회계정보를 산출하여야 합니다.

물론, 여러 <회계기준> 중에서 기장 중요한 것은 연결재무제표를 주 재무제표로 삼고, 거래의 실질에 맞는 회계정보를 보고하기 위해 공정가치 회계를 원칙으로 추구하는 <한국채택국제회계기준>입니다. 자세한 것은 회계원리를 공부할 때 배우게 될 것입니다. 그리고 다양한 회계기준은 한국회계기준원 사이트(www.kasb.or.kr)에서 누구나 상세히 열람할 수 있습니다.

제 23 장

주석이란 무엇인가?

질문 23 : 재무제표(財務諸表)는 말 그대로 재무(財務)와 관련된 모든 표(諸表)를 의미하는데, 주석과 같이 표(表) 형식이 아닌 것도 재무제표에 포함된다고 하니 조금 이상합니다. 주석이 재무제표에 포함되는 특별한 이유라도 있나요?

산업혁명 이전 시대에는 상업과 수공업 위주의 기업들이 대부분이었고, 그 규모도 그렇게 크지 않아 재무상태표와 손익계산서만으로도 충분히 기업의 회계정보를 파악할 수 있었습니다.

산업혁명 이후 공업화가 가속화되면서 기업의 규모도 주식회사 형태로 커졌고 그에 따라 각종 이해관계자들이 요구하는 회계정보도 좀 더 다양해졌습니다. 급기야 20세기에는 기업 규모가 방대해지고 주주의 수도 엄청나게 증가하면서 재무정보에 대한 요구는 더욱 다양해졌습니다.

결국, 기존의 재무제표만으로는 이해관계자들의 궁금증을 모두 해소할 수 없는 한계 때문에 주석으로 부연설명을 달기 시작했는데, 점차 그 분량이 증가하여 오늘날 기업에 따라서는 주석이 재무제표의 거의 절반 이상을 차지하기도 합니다. 숫자로 나타내지 못하는 정보, 흔히들 <비계량정보>라고 부르는 주석은 기업의 재무정보를 더욱 풍부하게 알려줍니다.

비록 표의 형식은 아니지만 주석에 담긴 재무정보가 보다 더 중요해졌기 때문에 일반적으로 칭해왔던 재무제표에 주석까지 포함시키게 된 것입니다. 그래서 영문으로는 'financial statements'로 표시되는데, <재무제표>보다는 <재무보고서>로 번역하는 것이 더 정확하다고 말할 수 있습니다. 결국, 주석은 놓치면 안 될 재무제표의 한 부분이라고 결론 내릴 수 있습니다.

끝으로, 우리나라 기업의 재무제표는 금감원 전자공시시스템(dart.fss.or.kr)과 거래소 상장공시시스템(kind.krx.co.kr)에 공시되는 각 기업의 사업보고서에 포함되어 있으며, 두 사이트에 접속하여 누구든지 열람할 수 있습니다.

제 24 장

각종 재무제표?

질문 24 : 연결재무제표와 결합재무제표, 그리고 별도재무제표와 개별재무제표가 혼동될 때가 있는데, 각각의 차이는 무엇인가요? 또 재무제표 설명 때 등장하는 종속회사와 관계회사의 차이도 궁금합니다.

우리나라 기업의 특징 중 하나가 【재벌】(財閥) 체제가 존재한다는 것입니다. 일본에도 재벌은 존재하지만 우리나라와는 성격이 조금 다릅니다. 우리나라의 재벌은 【거대 자본을 가진 동족으로 이루어진 혈연적 기업체】로 정의되는데, 법적 용어는 아닙니다. 법(공정거래법)상으로는 <대규모 기업집단>이라는 표현을 사용하는데, 사실상 재벌을 의미한다고 보면 됩니다.

【결합재무제표】는 대규모 기업집단, 즉 재벌 총수가 경영을 지배하고 있는 모든 계열사를 한 개의 기업군으로 간주해 작성한 재무제표를 말하며, 계열사 간에 이루어지는 내부거래를 상계하여 작성합니다.

반면, 【연결재무제표】는 기업 규모나 지배구조와 상관없이 지배와 종속관계에 있는 개별 회사들의 재무제표를 연결해 하나로 만든 것으로 지배회사(모(母)회사)와 종속회사(자(子)회사) 간의 채권·채무는 상계하고, 내부거래는 제거합니다.

왜냐하면, 법률적으로는 별개의 독립된 기업이라도 경제적으로 지배·종속관계에 있다면 사실상 하나의 기업집단이고, 지배회사가 종속회사를 이용해 이익을 부풀리는 비리를 저지르기 쉽기 때문입니다.

그래서, 주식회사의 외부감사에 관한 법률에서는 지배·종속관계가 있는 회사의 경우 지배회사로 하여금 【별도재무제표】와 함께 【연결재무제표】를 작성하도록 하고 있으며, 한국채택국제회계기준에서도 【연결재무제표】를 상장기업의 주 재무제표로 명시하고 있는 것입니다.

타 회사의 주식을 50% 초과하여 보유하거나 50% 이하라도 실질적인 지배력이 있는 경우 해당 주식을 보유한 회사를 지배회사, 상대 회사를 종속회사라고 합니다.

한편, 약간 다른 개념으로 <관계회사>라는 표현이 있는데, 지배할 수준은 아니더라도 기업경영에 유의적인 영향력을 행사할 수 있는 수준을 의미하며, 통상 직·간접적으로 주식지분 20% 이상을 소유하고 있으면 유의적인 영향력이 있는 것으로 간주합니다. 또 비록 20% 미만의 지분이라 하더라도 실질적으로 유의적인 영향력을 행사하고 있다면 <관계회사>로 분류합니다. 따라서 지배력이 있으면 종속회사이고 유의적인 영향력이 있으면 관계회사가 되는 것입니다.

마지막으로, 【개별재무제표】는 종속회사나 관계회사를 거느리지 않은 기업이 작성하는 재무제표를 말합니다. 일반적인 기업들이 작성하는 재무제표를 의미합니다. 【별도재무제표】와의 차이는 다음과 같습니다.

ㅇ 별도재무제표 : 종속회사 또는 관계회사를 거느린 지배회사(모회사)가
　　　　　　　　 작성하는 지배회사 자체의 재무제표. 이때 종속회사나
　　　　　　　　 관계회사에 대한 투자자산은 원가법으로 처리함.

제 25 장

재무제표 쉽게 읽는 법?

질문 25 : 재무제표를 봐도 자산총액으로 기업 규모 정도 파악하고, 부채가 얼마인지 당기순이익이 얼마인지 정도만 파악할 뿐 다른 의미 있는 회계정보를 파악하기가 어렵습니다. 재무제표를 읽으면서 의미있는 회계정보를 쉽게 얻는 방법이 있을까요?

재무제표 분석에 관한 전공 서적을 보면 주로 재무상태표와 손익계산서에 포함된 계정의 수치를 활용하여 항목 간 비율을 산출한 후 기준이 되는 비율이나 과거 실적, 또는 타 기업과의 비교 등을 통하여 그 의미나 추세 등을 분석하는 비율분석 중심으로 전개하고 있습니다.

물론, 현금흐름분석, 경제적부가가치(EVA, Economic Value Added), 신용위험분석 등도 부가적으로 다루어지고 있으나, 대부분은 재무비율분석에 많은 지면을 할애하고 있습니다.

하지만, <수익성비율>, <유동성비율>, <안전성비율>, <활동성비율>, <성장성비율> 등으로 구성되는 재무비율분석은 종류도 많고 계산 공식에 따라 산출해 가는 절차를 미리 알아야 하며, 또 주식가격과 같은 재무제표에 나오지 않는 정보도 알아야 하기 때문에 재무제표를 전문적으로 분석하겠다고 마음먹지 않으면 쉽지 않습니다.

그러므로 본서에서는 재무제표, 그 중에서도 가장 중요한 재무상태표와 손익계산서 정보를 읽으면서 즉석에서 재무상태와 경영성과를 파악하고 분석하는 간략한 방법을 사례를 통해 소개해 볼까 합니다. 다만, 손익계산서에서 이익을 종류별(매출총손익, 영업손익, 법인세비용차감전순손익, 당기순손익)로 파악하는 방법은 앞 장에서 이미 공부하였으므로 여기서는 생략하겠습니다.

사업보고서에는 재무상태표와 손익계산서의 중요정보만 묶어서 만든 <요약재무정보>도 제공되고 있으므로, 표 하나만 가지고도 기본적인 분석은 가능하리라 생각됩니다.

이하에서는 우리나라의 대표 기업이라고 할 수 있는 삼성전자 주식회사의 별도재무상태표와 별도손익계산서를 사례로 제시하면서 설명을 이어가도록 하겠습니다.

재무상태표

제 52 기 2020.12.31 현재
제 51 기 2019.12.31 현재
제 50 기 2018.12.31 현재

삼성전자 주식회사 (단위 : 백만원)

	제 52 기	제 51 기	제 50 기
자산			
유동자산	**73,798,549**	**72,659,080**	**80,039,455**
현금및현금성자산	**989,045**	**2,081,917**	**2,607,957**
단기금융상품	29,101,284	26,501,392	34,113,871
매출채권	**24,736,740**	**26,255,438**	**24,933,267**
미수금	1,898,583	2,406,795	1,515,079
선급비용	890,680	813,651	2,230,628
재고자산	13,831,372	12,201,712	12,440,951
기타유동자산	2,350,845	2,398,175	2,197,702
비유동자산	**155,865,878**	**143,521,840**	**138,981,902**
기타포괄손익-공정가치금융자산	1,539,659	1,206,080	1,098,565
당기손익-공정가치금융자산	3,107	3,181	7,413
종속기업, 관계기업 및 공동기업 투자	56,587,548	56,571,252	55,959,745
유형자산	**86,166,924**	**74,090,275**	**70,602,493**
무형자산	7,002,648	8,008,653	2,901,476
순확정급여자산	1,162,456	486,855	562,356
이연법인세자산	992,385	547,176	654,456
기타비유동자산	2,411,151	2,608,368	7,195,398
자산총계	229,664,427	216,180,920	219,021,357
부채			
유동부채	**44,412,904**	**36,237,164**	**43,145,053**
매입채무	6,599,025	7,547,273	7,315,631

단기차입금	12,520,367	10,228,216	10,353,873
미지급금	9,829,541	9,142,890	8,385,752
선수금	424,368	355,562	214,615
예수금	432,714	383,450	572,702
미지급비용	7,927,017	5,359,291	6,129,837
당기법인세부채	3,556,146	788,846	7,925,887
유동성장기부채	87,571	153,942	5,440
충당부채	2,932,468	2,042,039	2,135,314
기타유동부채	103,687	235,655	106,002
비유동부채	1,934,799	2,073,509	2,888,179
사채	31,909	39,520	43,516
장기차입금	150,397	174,651	0
장기미지급금	1,247,752	1,574,535	2,472,416
장기충당부채	503,035	283,508	372,217
기타비유동부채	1,706	1,295	30
부채총계	**46,347,703**	**38,310,673**	**46,033,232**
자본			
자본금	897,514	897,514	897,514
우선주자본금	119,467	119,467	119,467
보통주자본금	778,047	778,047	778,047
주식발행초과금	4,403,893	4,403,893	4,403,893
이익잉여금(결손금)	**178,284,102**	**172,288,326**	**166,555,532**
기타자본항목	(268,785)	280,514	1,131,186
자본총계	183,316,724	177,870,247	172,988,125
부채와자본총계	229,664,427	216,180,920	219,021,357

손익계산서

제 52 기 2020.01.01 부터 2020.12.31. 까지
제 51 기 2019.01.01 부터 2019.12.31 까지
제 50 기 2018.01.01 부터 2018.12.31 까지

삼성전자 주식회사 (단위 : 백만원)

	제 52 기	제 51 기	제 50 기
수익(매출액)	166,311,191	154,772,859	170,381,870

매출원가	116,753,419	113,618,444	101,666,506
매출총이익	49,557,772	41,154,415	68,715,364
판매비와관리비	29,038,798	27,039,348	25,015,913
영업이익	**20,518,974**	**14,115,067**	**43,699,451**
기타수익	797,494	5,223,302	972,145
기타비용	857,242	678,565	504,562
금융수익	5,676,877	4,281,534	3,737,494
금융비용	5,684,180	3,908,869	3,505,673
법인세비용차감전순이익(손실)	20,451,923	19,032,469	44,398,855
법인세비용	4,836,905	3,679,146	11,583,728
계속영업이익(손실)	15,615,018	15,353,323	32,815,127
당기순이익(손실)	**15,615,018**	**15,353,323**	**32,815,127**
주당이익			
기본주당이익(손실) (단위 : 원)	2,299	2,260	4,830
희석주당이익(손실) (단위 : 원)	2,299	2,260	4,830

위와 같이 당기와 전기와 전전기 실적을 동시에 보여줌으로써 기간 간 비교가 가능한 재무제표를 **<비교재무제표>**라고 하는데, 회계기준에서 비교 형식으로 작성할 것을 의무화하고 있으므로 사업보고서에 포함된 기업 재무제표는 모두 비교재무제표입니다.

따라서 기간 간 비교를 통해 주요 항목의 변화 추이를 금방 파악할 수 있습니다. 예를 들어, <현금및현금성자산>이 증가하는지 감소하는지, <부채>가 전년 대비 감소하였는지, <비유동자산>의 규모는 어떻게 변화하였는지, <매출>은 꾸준히 증가하고 있는지, <영업이익>의 변화는 어떠한지, <순이익>은 해마다 증가하는 추세인지 등을 한눈에 감지할 수 있습니다.

위 삼성전자 주식회사의 경우 최근 2년간을 비교해 보면, 부채와 순이익과 매출채권의 변동이 별로 없는 상황에서 **<현금및현금성자산>**은 감소 추세이고 매출액과 영업이익과 이익잉여금과 비유동자산은 증가 추세인데, 특별히 **<유형자산>**의 증가 폭이 크므로 신규투자를 많이 하고 있음을 감지할 수 있습니다.

증가된 사내유보(이익잉여금) 자금을 신규투자(유형자산)에 사용하였으므로 현금및현금성자산이 감소했다고 볼 수 있습니다.

한편, 유동부채보다 유동자산이 몇 배 정도인가를 유동비율이라고 하는데, 그 기업의 <유동성>, 즉 【단기채무를 갚을 능력】을 알 수 있는 지표입니다. 위 기업의 경우, 당기 유동비율이 2 이하(=73조/44조)로서 전기 유동비율 2(=72조/36조)보다 조금 하락한 것을 알 수 있는데, 보통은 2 이상이 되어야 건전하다고 판단할 수 있습니다.

또 부채가 자본의 몇 배 정도인가를 부채비율이라고 하는데, 그 기업의 <안전성>, 즉 【투자한 원금의 손실을 가져오지 않을 가능성】을 알 수 있는 지표입니다. 위 기업의 경우, 당기 부채비율(=46조/183조)과 전기 부채비율(=38조/177조) 모두 2 이하로서 재무구조가 우량하다고 판단할 수 있습니다.

유동성과 안전성은 재무상태표 계정에서 확인되지만, 이어서 설명할 수익성과 성장성은 재무상태표와 손익계산서를 모두 활용할 수 있지만 본 장에서는 손익계산서 계정으로 확인 가능한 주요 지표 2개씩만 소개할까 합니다.

<수익성>을 알아보는 지표로는 매출총이익률(=매출총이익/매출액)과 매출액영업이익률(=영업이익/매출액)이 가장 대표적입니다. 우선, 매출총이익률은 당기(=49조/166조)와 전기(=41조/154조) 모두 눈대중으로 판단해도 20% 이상으로 매우 양호함을 알 수 있고, 매출액영업이익률의 경우는 전기(=14조/154조)보다 당기(=20조/166조)에 더 향상되었음을 알 수 있습니다.

다음으로, <성장성> 지표인데, 매출액증가율과 순이익증가율이 가장 대표적인 지표입니다. 재무비율분석을 다루는 교재에서는 아래와 같은 공식을 사용하여 산출합니다.

ㅇ 매출액증가율(%)={(당기 매출액-전기 매출액)/전기 매출액}×100

ㅇ 순이익증가율(%)={(당기 순이익-전기 순이익)/전기 순이익}×100

하지만, 본 장의 목적은 재무제표를 한눈에 간략하게 파악하는 방법을 소개하는 것이므로, 산출 공식보다는 위에서 소개한 <비교재무제표>의 기간 간 비교를 통해 해당 계정과목(매출액과 순이익)의 실적이 성장 추세인지 아닌지 파악하시길 권유합니다. 비록 정확한 성장률까지는 산출하지 못할지라도 성장성 있는 기업인지 아닌지 정도는 금방 파악할 수 있을 것이기 때문입니다.

<유동성>과 <안전성>은 보통 2(200%)라는 기준으로 건전성을 판단하지만, <수익성>과 <성장성>은 기업마다 너무 다양하므로 일정한 기준이 있을 수 없어 대개는 동종업계 평균과 비교하는데, 위와 같이 재무제표를 간략하게 보는 경우는 동종업계 평균과도 비교하기 어렵기 때문에, 플러스(+)인지 아닌지, 플러스(+)라면 어느 정도인지로 해당 기업의 미래 수익성과 성장성을 대충 판단할 수 있습니다.

지금까지 재무제표를 복잡하게 분석하는 절차 없이 전체적으로 훑으면서 재무제표를 간략하게 살펴보고 그 기업의 경영상태와 경영성과를 간이하게 파악할 수 있음을 사례를 통해 확인해 보았습니다.

정리하자면, 비교재무제표를 통해 주요 항목의 변화 추이와 몇 가지 연관된 계정과목이 어떻게 변동되었는지 그 방향성을 결합해 해당 기업의 최근 동향을 파악할 수 있으며, 각 회계연도 내에서는 두 개의 계정과목 수치를 비교하여 그 비율을 어림잡아 보는 정도로도 그 기업의 <유동성>, <안전성>, <수익성>, <성장성>을 어느 정도 알 수 있습니다.

물론, 좀 더 상세하게 그 기업을 파악하는 방법은 기업가치평가와 관련된 과목을 한 학기 정도 수강하면서 실습까지 시도해 보아야 하겠지만, 회계 초보자로서 또는 기업이나 단체에 몸담은 구성원으로서 기업이나 단체의 재무상태와 경영성과를 쉽고 간단하게 파악하는 방법은 이상에서 소개한 정도로도 충분할 것 같습니다.

< 에필로그 >

근속 30주년에 주어지는 안식년 휴가 3주간을 어떻게 보낼까 생각하다가, 첫 주간은 귀촌 중인 동생 집에서 시골살이 체험을 하고, 나머지 2주간은 그동안 틈틈이 정리해 오던 전공 서적 원고를 마무리 짓기로 하였습니다.

다행히 계획대로 실행되어 수십년 만에 닭 울음소리 들으며 새벽잠을 설쳐보기도 하고 탈고도 하고 건강관리도 하고 코로나19 백신 1차 접종도 완료하고 홀가분한 마음으로 다시 출근하게 되어 개인적으론 기쁩니다.

비록 코로나 19, 특별히 전염성이 강한 델타 변이 바이러스로 온 세상이 고통스러운 시간을 보내고 있지만, 그래도 미래에 대한 희망을 잃지 않고 매일매일 노력하며 준비하는 분들이 계실 것이라 믿고, 그런 분들에게 도움이 되었으면 하는 마음으로 집필하였습니다.

제 딴에는 최선을 다했지만 그럼에도 불구하고 여전히 부족한 부분이 적지 않을 것이라 생각되고, 독자의 필요를 헤아리지 못한 면도 있을 것이며, 일부 내용은 처음 회계를 접하는 분들에게 어려워 보이는 경우도 있을 것입니다.

그런 점들을 고려하여 향후 수차례 꾸준히 개정을 해나갈 생각입니다. 독자 여러분들이 수정할 부분이나 보완할 내용을 아래 이메일로 알려주시면 검토하여 우선적으로 반영하도록 하겠습니다.

ㅇ 이메일 : smallys2401@daum.net

아무쪼록 본서를 통하여 막연히 어려워 보였던 회계가 가까이해도 될만한 존재로 인식되고, 독자들의 두뇌에 가장 기본적인 회계학의 얼개가 그럴듯하게 새겨지기를 기대해 봅니다. 감사합니다.

2021. 8. 9일 밤

'이 또한 지나가리라' 확신하며 저자

o 대학에서 신학, 영문학, 경영학, 법학, 경제학 등을 전공하며, 통섭의
  시대가 요구하는 다양한 분야의 학문적 기초 지식을 쌓았다.

o ㈜kt에 입사해 장기간 회계실무에 종사했으며, 늦은 나이에 대학원에
  진학하여 지천명에 이르러 회계학 전공으로 박사학위를 취득하였다.

o 그 후 한국방송통신대학교 튜터, 출석수업강사, 숭실대학교 초빙교수로
  학생들에게 회계학을 강의하였다.

o 지금은 (주)에듀윌 원격평생교육원의 교강사로 활동하며, 어떻게 하면
  회계학을 처음 접하는 분들이 더 쉽게 회계지식을 이해하고 습득하도록
  도울 수 있을까, 그리고 회계학이 더 대중에게 활용도 있게 다가가고
  응용될 수 있을까 연구하며 관련 서적 집필에 열중하고 있다.

o 주요 저서로는 <처음부터 기출문제로 공부하는 회계원리(상)>, <처음
  부터 기출문제로 공부하는 회계원리(하)>, <관리회계에서 배우는 투자
  비법>, <당신도 1개월 만에 자격증을 딸 수 있다> 등이 있다.

초판 1쇄 인쇄 2021년 9월 10일
초판 1쇄 발행 2021년 9월 13일

저자 조용생
펴낸곳 비티타임즈
발행자번호 959406
주소 전북 전주시 서신동 832번지 4층
대표전화 063 277 3557
팩스 063 277 3558
이메일 bpj3558@naver.com
ISBN 979-11-6345-308-6(13320)
가격 20,000원

이 도서의 국립중앙도서관 출판예정도서목록(CIP)은 서지정보유통지원시템
홈페이지(http://seoji.nl.go.kr) 와국가자료공동목록시스템
(http://www.nl.go.kr/kolisnet)에서 이용하실 수 있습니다.